东莞市博物馆丛书

东莞红砂岩文化遗存保存状态评估与保护方法研究

Study on Status Evaluation and Preservation Methods of Red Sandstone Cultural Heritage in Dongguan

谌小灵
刘　成　著

科学出版社
北　京

内容简介

本书结合第三次全国文物普查成果，从现存红砂岩文化遗存的年代、分布范围、种类等方面对东莞市红砂岩文化遗存的基本信息进行了调查、记录，并对其历史、文献、艺术和旅游价值进行评估。在资料与数据收集的基础上进行理化分析检测，对红砂岩文化遗存病害类型开展调查、分类及统计，完成红砂岩文化遗存保存现状调查与评估，分析红砂岩文化遗存病害机理，并从提高其整体强度和防水性能等方面开展红砂岩文化遗存的保护研究。

本书可作为高等院校文物保护、博物馆学专业师生以及文物工作者参考的学术论著，也适用于文物爱好者阅读。

图书在版编目（CIP）数据

东莞红砂岩文化遗存保存状态评估与保护方法研究／谌小灵，刘成著．—北京：科学出版社，2010.9
（东莞市博物馆丛书）
ISBN 978-7-03-028939-1

Ⅰ．①东…　Ⅱ．①谌…　②刘…　Ⅲ．①文化遗产－保护－研究－东莞市　Ⅳ．①K296.53

中国版本图书馆CIP数据核字（2010）第175661号

责任编辑：宋小军　曹明明　杨明远／责任校对：宣　慧
责任印制：赵德静／装帧设计：北京美光制版有限公司

科学出版社出版
北京东黄城根北街16号
邮政编码：100717
http://www.sciencep.com

中国科学院印刷厂印刷
科学出版社发行　各地新华书店经销
*
2010年12月第　一　版　开本：889×1194　1/16
2010年12月第一次印刷　印张：9 3/4
印数：1—1 500　字数：205 000

定价：188.00元
（如有印装质量问题，我社负责调换）

Study on Status Evaluation and Preservation Methods of Red Sandstone Cultural Heritage in Dongguan

东莞市博物馆丛书

序

东莞，一座获得过联合国环境计划署国际花园城市奖的美丽城市，其临南海、濒珠江，扼穗港咽喉，交通便利，物产丰饶。优越的自然环境孕育出灿烂的古代文化，在这片有着逾五千年人类活动史、近两千年建城史的沃土上，留存着大量的珍贵文化遗产。最新的调查成果显示，东莞全境共有全国重点文物保护单位5处，省级文物保护单位14处，市级文物保护单位77处，已登记的不可移动文物达865处。这些文物古迹以独特的文化内涵、优美的艺术形式积淀出东莞深厚的历史底蕴，延续着东莞绵延的人文传统。

在人类历史的长河中，绝大多数的文物已经因为自然因素的作用和人类活动的破坏而湮灭无存，即使幸运保留至今的那些文物也常常因为各种原因而濒临毁灭的危险境地。如何保护好祖先留给我们的文化遗产，已不仅是历史赋予我们的崇高责任，更是实现人类文明延续和可持续发展的必然要求。

在东莞的众多文物古迹中，大量存在着一种始用于北宋时期、大盛于明清两代的石材——红砂岩。无论是祠堂、庙宇的建筑构件，抑或是石刻、碑碣的文物本身，甚至是桥梁、古塔的承重材料，无不常见这类让东莞人倍感亲切的“丹石”，它已成为东莞历史记忆的一个重要组成部分。然而，由于红砂岩“柔脆不能耐久，咸气蚀之则皮剥”的岩性特征，加之东莞环境咸湿多雨，暴露于野的红砂岩文物多遭水、盐和微生物的破坏，产生断裂、酥碱、剥落等风化现象。同时，现代化进程飞速发展带来的环境污染，如酸雨、酸雾等也不断加剧着红砂岩文物的腐蚀程度。

近几十年来，科学技术的进步让我国的文博工作者们在文物保护技术、材料和方法方面取得了诸多的突破，对于石质文物的保护技术研究也取得了令人瞩目的成绩。然而，就红砂岩文物保护技术进行的针对性研究却依然阙如。东莞的文物调查资料显示，这里的红砂岩文物正面临着自然和人为因素的双重破坏，如不采取有效措施加以保护，这一东莞古建筑的特有文化元素将会在不远的未来消失殆尽。

所幸，本书作者以对古代文化遗产高度负责的态度，敏锐地观察到东莞红砂岩文物面临的严重问题，在系统调查和科学分析的基础上，提出了对东莞红砂岩文物进行保护的技术方法，并将研究成果集结成专著出版。本书分为六个章节，从地理环境、历史发展脉络、现存的文化遗存及红砂岩文化遗存的年代、分布范围、种类等方面对遍布东莞全境的红砂岩文物进行了详细的调查、记录，并对其历史、文献、艺术和旅游价值进行了初步评估；在病害调查的基础上，分析红砂岩文物的保存状态，探索出符合本地环境特点的保护材料和保护工艺。很显然，这些成果对于保存东莞古建筑的独特风采，传承和延续东莞历史文脉，以及推动东莞市历史文化名城的建设将产生积极作用。与此同时，该书的另一亮点在于为基层如何开展文物保护工作提供了三方面的有益借鉴。

其一，牢固树立课题意识，在日常文物工作中寻找科研的突破点。对于多数的基层文物工作者而言，想要有针对性地开展文物保护方面的研究往往要去克服科研经费有限、科研设备缺乏和日常性事务繁多等诸多困难。树立课题意识并根据自身的工作特点开展一些切实可行的研究，注意利用日常文物工作中的各种机会进行资料收集、整理和系统研究，是基层文物工作者出成绩、出成果的有效方法。本书作者正是利用广东省第三次全国文物普查工作开展的契机，在以往资料和研究的基础上，以红砂岩文物为切入点，通过调查、分析和研究东莞地区这类文物面临的问题，提出了有针对性的保护方法。

其二，科学简明的研究思路和简单合理的课题设计，是基层文物工作者获取科研成果的有效途径。基层科研条件有限，并不适宜复杂的或对技术设备要求高的文物保护工作的开展，本书的作者显然很清楚这点。他们在强调基础资料系统性、研究思路合理性和研究方法有效性的同时，力图将整个研究的技术路线设计地简单合理，通过在文物普查工作中全面搜集材料，利用统计学方法和计算机技术对东莞红砂岩文物的保存和病害状况进行定量和定性分析，并在对比实验的基础上，提出了可行的保护技术，最后以大量的实验数据来检验研究的成果。这种资料采集—系统分析—模拟实验—成果检验的课题研究方法，思路清晰明了、手段简单易行，完全可以运用到对其他不同材质文物的保护技术研究方面，对基层文物工作者开展文物保护科研、更新文物保护手段具有一定的参考价值。

其三，加强横向合作，发挥不同学科和机构的各自优势，是更好地保护乡土文化遗产的有效方法。本书作者，一位是在地方工作多年，对乡土文物的内涵和保存状况有着深刻认识的博物馆工作人员；一位是在科研单位长期进行研究和教学，对文物保护的理论和技术娴熟掌握的高校研究人员。他们的合作可谓珠联璧合，使红砂岩文物的保护研究既有深厚的理论基础，又有丰富的实践支撑，相得益彰，这种合作方式对于深化的基层文物保护工作无疑能起到积极的示范作用。

文化遗产保护事业功在当代，泽被后世，需经文物工作者乃至全社会的共同努力方能实现。本书作者已迈出了可喜的一步。长路漫漫，望其不断前行。

广东省文物局副局长 魏峻

Study on Status Evaluation and Preservation Methods of Red Sandstone Cultural Heritage in Dongguan

目录

第一章　东莞自然地理与历史文化发展概况

第二章　珠三角地区红砂岩文化遗存的材料来源及特征

第三章　东莞红砂岩文化遗存概况

第四章　东莞红砂岩文化遗存保存现状调查

第五章　东莞红砂岩文化遗存病害机理研究

第六章　东莞红砂岩文化遗存保护方法研究

后记

第一章

东莞自然地理与历史文化发展概况

东莞红砂岩文化遗存保存状态评估与保护方法研究

Study on Status Evaluation and Preservation Methods of Red Sandstone Cultural Heritage in Dongguan

东莞市位于广东省中南部、珠江三角洲东北部，辖32个镇（街）及松山湖产业园区。2009年末，全市常住人口635万人，其中户籍人口178.73万人。有港澳同胞和海外侨胞近百万人，是广东省著名侨乡之一。东莞在距今1700多年前的三国时期建郡，是岭南文明的重要发源地、中国近代史的开篇地和改革开放的先行地。中外闻名的虎门销烟就发生在东莞，全国第一家“三来一补”企业在东莞诞生，民族英雄袁崇焕、抗日名将蒋光鼐、著名画家邓白、中国第一个举重世界冠军陈镜开等都是莞籍人士，著名的岭南画派也发端于可园。1991年东莞被公布为广东省第一批历史文化名城。

一 东莞自然地理环境概况

东莞市地处北纬22°39′至23°09′、东经113°31′至114°15′之间，广东省中南部、珠江口东岸、东江下游的珠江三角洲。因地处广州之东，境内盛产莞草而得名。最东是谢岗镇的银瓶嘴山，与惠州市惠阳区接壤；最北是中堂镇大坦乡，与广州市区和增城市、惠州市博罗县隔江为邻；最西是沙田镇西大坦西北的狮子洋中心航线，与广州市番禺区隔海交界；最南是凤岗镇雁田水库，与深圳市宝安区相连。毗邻港澳，处于广州至深圳经济走廊中间。西北距广州59公里，东南距深圳99公里、距香港140公里。东西长约70.45公里，南北宽约46.8公里。全市陆地面积2465平方公里，海域面积150平方公里，浅海滩涂面积45平方公里。

东莞市在地质构造上，位于北东东向罗浮山断裂带南部边缘的北东向博罗大断裂南西部、东莞断凹盆地中。地势东南高、西北低。地貌以丘陵台地、冲积平原为主，丘陵台地占44.5%，冲积平原占43.3%，山地占6.2%。东南部多山，尤以东部为最，山体庞大，分割强烈，集中成片，起伏较大，海拔多在200～600米，坡度30°左右，银瓶嘴山主峰高898.2米，是东莞市最高山峰；中南部低山丘陵成片，为丘陵台地区；东北部接近东江河滨，冈地发育，陆地和河谷平原分布其中，海拔30～80米，坡度小，地势起伏和缓，为易于积水的埔田区；西北部是东江冲积而成的三角洲平原，是地势低平、水网纵横的围田区；西南部是濒临珠江口的江河冲积平原，地势平坦而低陷，是受潮汐影响较大的沙咸田地区。东莞市握东江和广州水道出海之咽喉，有海岸线115.94公里（含内航道），主航道岸线53公里，拥有深水良港——虎门港。

东莞市属南亚热带海洋性季风气候。1999～2008年，年平均气温为23.01℃。一年中最冷为1月份，最热为7月份。日照时数充足，1999～2008年，年平均日照时数为1909.67小时，占全年可照时数的43.6%，一年中2～3月份日照最少，7月份日照最多。1999～2008年，年平均雨量为1967.07毫米，雨量集中在4～9月份，其中4～6月为前汛期，以锋面低槽降水为多，7～9月为后汛期，台风降水活跃。从下表数据来看，东莞的气候环境特征是日照充足，雨量充沛，温差振幅小，相对湿度大，季风明显，受台风、暴雨、酸雨、春秋干旱的影响较多、寒露风及冻害的侵袭较少。气候环境条件较为优越。

表1.1　东莞气候环境数据表（1999～2008）

年份	年平均气温（℃）	年平均湿度（%）	年平均日照时数（h）	年平均日照时数占全年可照时数的百分比（%）	年平均雨量（mm）	年降水pH均值
1999	23.31	71.96	4.40	0.100	5.52	4.97
2000	23.20	73.97	5.52	0.126	5.63	4.90
2001	23.27	74.21	5.84	0.133	5.42	5.06
2002	23.58	75.08	4.22	0.096	5.61	5.47
2003	22.95	74.83	3.70	0.084	6.22	4.55
2004	22.78	73.13	4.63	0.105	6.01	4.47
2005	22.26	74.73	5.17	0.118	4.76	4.07
2006	22.60	73.66	6.50	0.148	4.43	4.70
2007	22.91	70.59	5.25	0.120	5.14	5.21
2008	23.31	73.32	6.97	0.159	5.15	4.83

东莞市主要河流有东江、石马河、寒溪水。境内96%属东江流域，东江干流自东北角惠州市博罗县、惠阳区之间入境后，沿北部边境自东向西行至桥头新开河口；有发源于深圳市宝安区的石马河流入，至企石有企石河流入。至石龙分出南支流后，北干流续流至石滩，与来自广州增城市的支流汇流，经市境的大盛注入狮子洋；南支流斜向西南流经石碣、万江，在峡口接纳来自市境中部的寒溪水，峡口以下有3条较小的支流牛山水、蛤地水和小沙河，自东向西汇入，续流至泗盛注入狮子洋。北干流与南支流之间为东江三角洲的河网区。从水文特征看，东莞市内水系发达，河流众多。

东莞市自然地理与环境状况对红砂岩文化遗存的保存现状与保护方法研究有直接的影响。

二 东莞历史发展脉络

据现有的考古发掘资料看，在东莞境内东江沿岸的桥头、企石、石排、中堂、万江、南城、东城等地，均已发现了多处贝丘遗址。位于企石镇江边村的万福安遗址距今6000～5000年，是迄今为止东莞发现最早人类遗存的新石器时代贝丘遗址；位于南城区蚝岗村的蚝岗贝丘遗址距今5000多年，2003年出土两具人类遗骸，蚝岗遗址被誉为“珠三角第一村”，说明早在五千多年前东莞人的祖先就已生活在这片土地上，东莞是岭南文明的发源地之一。

春秋战国时（公元前3世纪），东莞属楚，为“百粤”地。

秦始皇三十三年（公元前214年），东莞属南海郡番禺县地。秦二世元年（公元前209年），东莞属南越国地。

西汉元鼎六年（公元前111年）十月，东莞属南海郡。县境西南属番禺县地，东北属博罗县地。东汉顺帝时，分番禺立增城，东莞属增城。

三国吴黄武（222～228年）中，分增城另立东官郡。吴甘露元年（265年），东莞置司盐都尉于东官场。

入晋，废东官郡，其地分属番禺、增城。

东晋咸和六年（331年），分南海郡地立东官郡，置宝安县，此为东莞立县之始。当时东官郡辖宝安、安怀、兴宁、海丰、海安、欣乐六县，郡治在宝安县莞城（今深圳市宝安区南头）。

南朝梁天监六年（507年），改东官郡为东莞郡。南朝陈祯明二年（588年）复改东莞郡为东官郡。

隋开皇十年（590年），废郡置州，宝安县属广州。

唐至德二年（757年）改宝安为东莞，县治移至到涌（今莞城），以东莞作县名由此开始。据清屈大均《广东新语》记载：“东莞人多以作莞席为业，县以为名，县在广州之东故曰东莞。”

唐乾元元年（758年），南海郡复归广州，东莞属之。

唐咸通三年（862年），分岭南为东、西道，赐岭南东道为清海军节度使。唐末，东莞县隶清海军节度。

五代越乾亨元年（917年）以广州为兴王府，东莞属之。

宋开宝五年（972年），改兴王府为广州中都督府，废东莞县并入增城县。隶广州中都督府。六年（973年），复置东莞县。

南宋绍兴二十二年（1152年），分东莞的香山镇立香山县（今中山市）。

元代设广州路总管府，东莞属之。

明洪武元年（1368年），置广州府，东莞属之。十四年（1381年）于东莞置守御千户所。万历元年（1573年），析东莞县宝安故址置新安县（1914年改称宝安县），从此东莞与宝安分立。

清沿明制，东莞县仍隶属广州府。

民国期间，东莞县之隶属，因其上一级政区的调整和名称的更改而随之变更。

新中国成立初期，东莞属东江行政区管辖。1952年，又属粤中行政区。1956年，属惠阳专区。1985年，东莞经国务院批准列为珠江三角洲经济开发区，同年9月撤县建市。1988年1月升格为地级市，直属广东省辖。

三　东莞现存文化遗存

优越的地理环境和温和的气候条件，十分适合人类的繁衍、居住和发展经济。唐宋以来，东莞经济逐渐发展繁荣。元代，以莞草织成的莞席已深受波斯等国人民的喜爱，明代大量生产，远销东南亚各地。莞香（白木香）始产于唐，宋、元年间名重于世，并远销海外，明清时期，广东每年的贡品都有莞香，还出现了销售莞香的专业市场，当时的“东莞香市”与别地的花市、药市、珠市齐名，是广东四大市之一。东莞古代制盐业发达，开宝六年（973年）建有靖康、大宁、东莞三大盐场，是岭南的主要产盐地之一。明代的东莞盐场，为当时全省29个盐场之一。农业生产在宋代已有很大的发展，元祐二年（1087年）和四年（1089年）分别修筑的东江大堤和防咸潮堤，是当时广东最大的农田水利设施之一。明清两代也不断筑堤围，开垦沙田，扩大耕地面积。明万历十年（1582年），东莞虎门北栅村人陈益从安南（今越南）成功引进番薯种植技术，成为我国番薯种植第一人。明代东莞的甘蔗和黄麻种植业也比较发达，甘蔗和黄麻是当时重要的农产品。

经济的发展，带来文化的繁荣。宋元以来，东莞人文荟萃，名家辈出。南宋李用潜心研究理学，备受尊崇，理宗皇帝亲手书“竹隐精舍”匾额赐赠，还将他所著《论语解》印行全国；宋末赵必瑑，著《覆瓿集》5卷，被收入《四库全书》；林光、陈建为明代著名哲学家，陈建的《治安要议》6卷、《皇明通纪》24卷，至今仍是研究明史的重要典籍。张穆以画马出名，袁敬、袁登道父子以诗书画印名扬广东。何真有功于民被封为东莞伯；莫登庸异国为君（安南王）；熊飞乃抗元义士；袁崇焕、陈策、苏观生、张家玉、陈象明称“东莞五忠”。官至江西按察使署理布政使的张敬修创建东莞可园，广邀文人雅集，居巢、居廉客居可园10年，使可园成为当时广东的文化策源地之一。近现代的学者名流陈伯陶、张其淦、邓尔雅、黎冰鸿、袁镇岳、李凤廷、翟俊千等也广为人们所知晓。

东莞在中国近现代史上也占有重要地位。1839年6月3日至23日，林则徐虎门销烟，揭开了中国近代史的第一页。鸦片战争，当地广大爱国军民谱写了一曲曲壮烈的乐章。在现代革命斗争中，东莞也有着特殊影响。1923年，孙中山讨伐盘踞在惠州的陈炯明，曾在石龙镇设立大本营。1925年，国民革命军两次东征，周恩来同志三临石龙，发表演说。抗日战争时期，广东人民抗日游击队挺进大岭山开创抗日根据地，在华南抗日战争上写下了光辉的一页。在现代史上，东莞曾涌现出抗日名将蒋光鼐、黄花岗七十二烈士之一的李文甫等载入史册的人物。

长期的社会发展、对外交往和革命斗争，给莞邑大地留下丰富的历史文化遗存。以万福庵、蚝岗、圆洲、村头等古文化遗址构建了较为完整的东莞史前文化序列。历代墓葬，结构形式多样，尤以讲究墓面建筑的明墓独具一格。现存明清古建筑众多，大规模的古建筑群也有所保存，南社、塘尾堪称珠江三角洲地区保存规模最大、历史风貌和文化生态保存最好的明清古村落；东莞可园作为清代粤中四大名园之一，是岭南建筑艺术的瑰宝。东莞的古建筑具有浓郁的广府建筑风格，红砂岩、青砖的大量采用，又独具东莞地方特色。作为中国近代史的开篇地，华南抗日的重要根据地，东莞的近现代文物资源也非常丰富，林则徐销烟池与虎门炮台旧址见证中国人民御外侮卫家国的大无畏气概。大量不可移动文物资源，成为东莞历史发展的缩影。

根据东莞市第三次全国文物普查实地调查数据统计，东莞32个镇街及松山湖产业园区共登记不可移动文物近865处。其中，古遗址12处，古墓葬29处，古建筑有395处，石窟寺及石刻7处，近现代重要史迹及代表性建筑422处。在众多的文物古迹中，红砂岩石材的运用十分普遍。这种让东莞人倍感亲切的红色石材，作为东莞特有的文化元素，承载着一种历史记忆，成为东莞地域文化符号的一种象征。

表 1.2　东莞市市级以上文物保护单位一览表

序号	名称	年代	地点	级别	类别	公布登记日期
1	林则徐销烟池与虎门炮台旧址	清	虎门镇	全国重点文物保护单位	近现代重要史迹及代表性建筑	1982 年 2 月 23 日
2	东莞可园	清	莞城区博厦	全国重点文物保护单位	古建筑	2001 年 6 月 25 日
3	南社村和塘尾村古建筑群	明－清	茶山镇南社村 石排镇塘尾村	全国重点文物保护单位	古建筑	2006 年 5 月 25 日
4	却金亭碑	明	莞城区光明路	全国重点文物保护单位	石刻	2006 年 5 月 25 日
5	大岭山抗日根据地旧址	抗日战争	大岭山镇	全国重点文物保护单位	近现代重要史迹及代表性建筑	2006 年 5 月 25 日
6	村头村遗址	新石器时代	虎门镇村头村	广东省文物保护单位	古遗址	1989 年 6 月 29 日
7	金鳌洲塔	明	万江区金泰村	广东省文物保护单位	古建筑	1989 年 6 月 29 日
8	康王庙	清	石排镇横山村	广东省文物保护单位	古建筑	2002 年 7 月 17 日
9	燕岭古采石场遗址	明－清	石排镇燕窝村田边村	广东省文物保护单位	古遗址	2002 年 7 月 17 日
10	黎氏大宗祠及古建筑群	宋－明－清	中堂镇潢涌村	广东省文物保护单位	古建筑	2002 年 7 月 17 日
11	蒋光鼐故居	1930 年	虎门镇南栅村	广东省文物保护单位	近现代重要史迹及代表性建筑	2002 年 7 月 17 日
12	国殇冢	1949 年	道滘镇闸口村	广东省文物保护单位	近现代重要史迹及代表性建筑	2002 年 7 月 17 日
13	蚝岗贝丘遗址	新石器时代	南城区胜和村	广东省文物保护单位	古遗址	2008 年 11 月 18 日
14	卫佐邦墓	清	东城区同沙林场飞鹅岭	广东省文物保护单位	古墓葬	2008 年 11 月 18 日
15	方氏宗祠	明	厚街镇河田村	广东省文物保护单位	古建筑	2008 年 11 月 18 日
16	苏氏宗祠	明－清	南城区胜和村	广东省文物保护单位	古建筑	2008 年 11 月 18 日
17	容庚故居	清	莞城区旨亭街	广东省文物保护单位	近现代重要史迹及代表性建筑	2008 年 11 月 18 日
18	牛眠埔洪仁玕避难遗迹（含永培书室遗址、福音堂、鼎和堂、张彩廷纪念碑、张声和夫妇墓）	清	塘厦镇牛眠埔	广东省文物保护单位	近现代重要史迹及代表性建筑	2008 年 11 月 18 日
19	朱执信纪念碑	民国	虎门镇执信公园	广东省文物保护单位	近现代重要史迹及代表性建筑	2008 年 11 月 18 日
20	万福庵贝丘遗址	新石器时代	企石镇江边村	东莞市文物保护单位	古遗址	2004 年 1 月 8 日

续表

序号	名称	年代	地点	级别	类别	公布登记日期
21	龙眼岗贝丘遗址	新石器时代	石排镇庙边王村	东莞市文物保护单位	古遗址	2004年1月8日
22	宋皇姑赵氏墓	宋	东城区石井村	东莞市文物保护单位	古墓葬	1989年1月7日
23	陈莲峰墓	明	虎门镇金洲村	东莞市文物保护单位	古墓葬	1989年1月7日
24	熊飞墓	明	东城区峡口村	东莞市文物保护单位	古墓葬	1989年1月7日
25	李桤墓	明	桥头镇石水口村	东莞市文物保护单位	古墓葬	1989年1月7日
26	叶永青家族墓	明	茶山镇京山村	东莞市文物保护单位	古墓葬	2004年1月8日
27	郑瑜墓	明	虎门镇白沙村	东莞市文物保护单位	古墓葬	2004年1月8日
28	温皋谟家族合葬墓	明	寮步镇石步村	东莞市文物保护单位	古墓葬	2004年1月8日
29	道滘大坟	清	道滘金牛坊	东莞市文物保护单位	古墓葬	1993年6月22日
30	黄旗胜迹	宋	东城区黄旗山	东莞市文物保护单位	古建筑	1993年6月22日
31	迎恩门城楼	明	莞城区西正路	东莞市文物保护单位	古建筑	1982年8月24日
32	榴花塔	明	东城区铜岭	东莞市文物保护单位	古建筑	1982年8月24日
33	余屋牌坊	明	东城区余屋村	东莞市文物保护单位	古建筑	1989年1月7日
34	东岳庙	明	茶山镇象山村	东莞市文物保护单位	古建筑	1989年5月31日
35	大汾古桥	明	万江区大汾村	东莞市文物保护单位	古建筑	1993年6月22日
36	单氏小宗祠	明	石碣镇单屋村	东莞市文物保护单位	古建筑	1993年6月22日
37	郭真人古庙	明	虎门镇白沙村	东莞市文物保护单位	古建筑	1993年6月22日
38	黄氏宗祠	明	企石镇江边村	东莞市文物保护单位	古建筑	1993年6月22日
39	逆水流龟村堡	明	虎门镇白沙村	东莞市文物保护单位	古建筑	1993年6月22日
40	王氏大宗祠	明	石排镇中坑村	东莞市文物保护单位	古建筑	2004年1月8日
41	钟氏祠堂	明	寮步镇横坑村	东莞市文物保护单位	古建筑	2004年1月8日
42	孙杜古桥	明	石龙镇西湖村	东莞市文物保护单位	古建筑	2004年1月8日
43	鸡啼岗黄氏宗祠	明	黄江镇鸡啼岗村	东莞市文物保护单位	古建筑	2004年1月8日
44	彭氏大宗祠	明	东坑镇彭屋村	东莞市文物保护单位	古建筑	2004年1月8日
45	丁氏祠堂及丁屋村古围墙	明	东坑镇丁屋村	东莞市文物保护单位	古建筑	2004年1月8日
46	埔心村古建筑群	明－清	石排镇埔心村	东莞市文物保护单位	古建筑	2004年1月8日
47	福隆文阁	明－清	石排镇福隆村	东莞市文物保护单位	古建筑	2004年1月8日

续表

序号	名称	年代	地点	级别	类别	公布登记日期
48	江边村古建筑群	明－清	企石镇江边村	东莞市文物保护单位	古建筑	2004年1月8日
49	迳联村古建筑群	明－清	桥头镇迳联村	东莞市文物保护单位	古建筑	2004年1月8日
50	西溪村古建筑群	明－清	寮步镇西溪村	东莞市文物保护单位	古建筑	2004年1月8日
51	半仙山村古建筑群	明－清	横沥镇半仙山村	东莞市文物保护单位	古建筑	2004年1月8日
52	桥梓村古建筑群	明－清	常平镇桥梓村	东莞市文物保护单位	古建筑	2004年1月8日
53	文光庙	明－清	大朗镇松柏朗村	东莞市文物保护单位	古建筑	2004年1月8日
54	大井头村古建筑群	明－清	大朗镇大井头村	东莞市文物保护单位	古建筑	2004年1月8日
55	金刚经云石塔	清	莞城区中心小学	东莞市文物保护单位	古建筑	1982年8月24日
56	巍焕楼	清	道滘镇永庆村	东莞市文物保护单位	古建筑	1993年6月22日
57	薰莱亭	清	桥头镇迳联村	东莞市文物保护单位	古建筑	1993年6月22日
58	叶氏宗祠	清	大岭山镇金桔村	东莞市文物保护单位	古建筑	1993年6月22日
59	马山古迹	清	大岭山镇马山村	东莞市文物保护单位	古建筑	1993年6月22日
60	慕香书室	清	凤岗镇凤德岭村	东莞市文物保护单位	古建筑	2004年1月8日
61	郑氏宗祠	清	虎门镇白沙村	东莞市文物保护单位	古建筑	2004年1月8日
62	礼屏公祠	清	虎门镇村头村	东莞市文物保护单位	古建筑	2004年1月8日
63	浮竹山文阁	清	寮步镇浮竹山村	东莞市文物保护单位	古建筑	2004年1月8日
64	兰田别墅	清	横沥镇田头村	东莞市文物保护单位	古建筑	2004年1月8日
65	颂遐书室	清	常平镇桥沥村	东莞市文物保护单位	古建筑	2004年1月8日
66	陈氏家祠及胜起家祠	清	中堂镇凤冲村	东莞市文物保护单位	古建筑	2004年1月8日
67	福庆桥	清	中堂镇袁家涌村	东莞市文物保护单位	古建筑	2004年1月8日
68	铁场客家围	清	清溪镇铁场村	东莞市文物保护单位	古建筑	2004年1月8日
69	清厦客家围	清	清溪镇清厦村	东莞市文物保护单位	古建筑	2004年1月8日
70	恬甲村古建筑	清－民国	南城区胜和村	东莞市文物保护单位	古建筑	2004年1月8日
71	中山路民国建筑群	民国	石龙镇中山路	东莞市文物保护单位	古建筑	2004年1月8日
72	保安圩古街	民国	大朗镇蔡边村水口村	东莞市文物保护单位	古建筑	2004年1月8日
73	新埠正街	民国	横沥镇新埠正街	东莞市文物保护单位	古建筑	2004年1月8日

续表

序号	名称	年代	地点	级别	类别	公布登记日期
74	海月岩	宋	厚街镇涌口村	东莞市文物保护单位	石刻	1989年5月31日
75	神仙水	明	厚街镇河田村	东莞市文物保护单位	石刻	1993年6月22日
76	观音山古迹	明	大岭山镇大王岭村	东莞市文物保护单位	石刻	1993年6月22日
77	崖山古迹	清	谢岗镇崖山村	东莞市文物保护单位	石刻	1993年6月22日
78	殷氏宗祠	明	大岭山镇大沙村	东莞市文物保护单位	近现代重要史迹及代表性建筑	2004年1月8日
79	雁田抗英旧址	清	凤岗镇雁田村	东莞市文物保护单位	近现代重要史迹及代表性建筑	2004年1月8日
80	洪全福故居	清	凤岗镇黄洞村	东莞市文物保护单位	近现代重要史迹及代表性建筑	2004年1月8日
81	大沙村西门楼	清	大岭山镇大沙村	东莞市文物保护单位	近现代重要史迹及代表性建筑	2004年1月8日
82	大片美游击队税站旧址	清代	大岭山镇大片美村	东莞市文物保护单位	近现代重要史迹及代表性建筑	2004年1月8日
83	广东人民抗日游击队东江纵队路东干部训练班	抗日战争	清溪镇铁场村	东莞市文物保护单位	近现代重要史迹及代表性建筑	1982年8月24日
84	东莞县博物馆旧址	民国	莞城区人民公园	东莞市文物保护单位	近现代重要史迹及代表性建筑	1989年5月31日
85	欧仙院	民国	石龙镇黄家山村	东莞市文物保护单位	近现代重要史迹及代表性建筑	1990年1月7日
86	周恩来演讲台	民国	石龙镇中山公园	东莞市文物保护单位	近现代重要史迹及代表性建筑	1993年6月22日
87	李文甫纪念亭	民国	石龙镇中山公园	东莞市文物保护单位	近现代重要史迹及代表性建筑	1993年6月22日
88	孙中山先代故乡旧址	清－民国	长安镇上沙村	东莞市文物保护单位	近现代重要史迹及代表性建筑	2004年1月8日
89	霄边农会旧址	清－民国	长安镇霄边村	东莞市文物保护单位	近现代重要史迹及代表性建筑	2004年1月8日
90	张廷辅墓	民国	南城区英联村	东莞市文物保护单位	近现代重要史迹及代表性建筑	2004年1月8日
91	李任之故居	民国	常平镇横江厦村	东莞市文物保护单位	近现代重要史迹及代表性建筑	2004年1月8日
92	东江纵队第一支队三龙大队部及驻军营地旧址	民国	高埗镇低涌村	东莞市文物保护单位	近现代重要史迹及代表性建筑	2004年1月8日
93	东圃小学旧址	民国	高埗镇上江城村	东莞市文物保护单位	近现代重要史迹及代表性建筑	2004年1月8日

续表

序号	名称	年代	地点	级别	类别	公布登记日期
94	高埗大桥旧址	民国	高埗镇下江城村	东莞市文物保护单位	近现代重要史迹及代表性建筑	2004年1月8日
95	太公岭村抗日旧址	民国	大岭山镇太公岭村	东莞市文物保护单位	近现代重要史迹及代表性建筑	2004年1月8日
96	东莞县新二区区府旧址	民国	大岭山镇连平村	东莞市文物保护单位	近现代重要史迹及代表性建筑	2004年1月8日

第二章

珠三角地区红砂岩文化遗存的材料来源及特征

东莞红砂岩文化遗存保存状态评估与保护方法研究

Study on Status Evaluation and Preservation Methods of Red Sandstone Cultural Heritage in Dongguan

红砂岩是我国华东、华南、西北、西南地区分布较广泛的"红层"中代表性岩石之一。主要分布在广东、广西、江西、福建、湖南、四川、云南、贵州、山西、新疆等地区。在广东境内，广州、番禺、南海、东莞、三水、高要、韶关等地均有红砂岩产区。红砂岩作为建筑材料，在广东历史上占有举足轻重的地位，除广东外，四川、湖南、福建、江西、江苏、云南等地均有发现，其中以广东尤为突出。

一 珠三角地区红砂岩文化遗存的材料来源

考古资料表明，红色砂岩是珠江三角洲明清之际使用最广泛的建筑石料，它不仅用于墓葬材料，也大量用于城基、官衙、楼署、祠堂、庙观、寺塔等大型古建筑的砌筑和基础的装饰，而且还用作民宅的基石。广东境内为什么会出现如此多的红砂岩文化遗存呢？这与广东的地貌特征及存在大型红砂岩采石场遗址有关。

从区域地质发展史看，根据专家对珠江河口湾形成发育演变的研究，珠江口古海湾的地貌轮廓，是中生代燕山运动形成的。在三角洲地区，与侏罗纪花岗岩入侵的同时，已经形成新会、广州、东莞三大断陷盆地的雏形，堆积了早白垩世陆相红色碎屑岩系；白垩纪早期和晚期的断裂活动，使盆地继续凹陷，三大盆地基本形成，继续接受来自周围山地的物质，堆积了晚白垩世的红色砂岩、砾岩和页岩。因此古海湾北部边缘，即广州、三水和高鹤一带，晚白垩世红色岩系构成的低丘台地甚为发育（番禺莲花山、广州老市区、河南[①]石榴岗—赤岗—工业大道一带就是这一时期堆积的红色岩系）[②]。

据调查，广东境内现存采石场遗址有三处，即番禺的莲花山、南海的西樵山和东莞石排燕岭采石场遗址，但出产红色砂岩的只有番禺的莲花山和东莞石排燕岭采石场遗址。珠江三角洲现存石质文物中的红砂岩材料大多来源于这两个采石场遗址。

1.1 番禺莲花山古采石场遗址

番禺得地独厚，由第三系沉积构成的陆湖碎屑沉积岩，蕴藏着丰富的红色砂岩，主要分布在莲花山、石楼、大岗、黄阁、浮莲岗等地，储量近5亿立方米。番禺莲花山采石场遗址，位于广州市番禺区莲花山（古名石砺山，又名狮石山），其开采范围自山南面莲花岩起，偏东至渔港基地，逶迤向北至飞鹰崖（原名麻鹰岩），全长3.5公里，开采面积约500亩。其开采历史悠久，据原中国科学院广州地质新技术研究所鉴定，该采石场与

① 此处的河南是指广州城珠江南岸地区，即现在的海珠区。
② 徐君亮：《东莞石排古采石场人工丹霞地貌及旅游开发》，《经济地理》，1999年，第19卷，第75页。

西汉南越王墓建筑石料在岩性组合、岩性学特征、风化程度、岩石成因、年代等方面极为相似，因此，开采的年代可上溯至西汉初期。科学检测证明，西汉南越王墓的建墓石料主要原产地为番禺莲花山的东门、莲花岩、燕子岩一带[①]。又据（同治）《番禺县志》记载万历七年（1579年）、万历四十四年（1616年）、崇祯二年（1629年）、崇祯四年（1631年）、崇祯五年（1632年）、康熙三十三年（1694年）、康熙五十八年（1719年）、乾隆二十九年（1764年）、道光二十二年（1842年）莲花山均有封禁在案，可见莲花山采石场开凿年代至少延续至19世纪中期。

从宋代开始，广州是中国最大的港口城市，都市经济繁荣，城市建设发展到了一个辉煌时期，石材的需求量更大。由于莲花山的红砂岩石质坚硬、色泽鲜艳，而且多见垂直节理，人工易开凿而倍受工匠们的喜爱。宋、明之间，莲花山有大量采石工，聚居于“石墟”，即今石楼田步头一带，传说现在的石楼洪姓即当年的石工后裔。又由于莲花山东临珠江口，水运石料到珠三角十分方便，因此其石材在宋至明清时期曾畅销珠三角一带。在广州越华路发现的宋代城基遗址，其城基的最底层通铺一层长方形和梯形的红砂岩石块，长方形的长44～66厘米，宽24～28厘米，厚12厘米；梯形的面长29厘米，宽13厘米，底长32厘米，宽17厘米，高14厘米，其石料规格与莲花山开采的相似，有的城砖侧印有“番禺县”三字[②]。

番禺莲花山古采石场遗址

① 广州市文物管理委员会、中国社会科学院考古研究所、广东省博物馆编：《西汉南越王墓》（上），文物出版社，1991年，第499～513页。

② 卢本珊等：《中国古代矿冶技术研究》，书艺出版社，2006年，第51页。

番禺莲花山古采石场遗址

番禺莲花山古采石场采石遗迹

从开采技术来看，宋明时期，莲花山采石已采用露天开采法和房柱采矿法联合开拓，代表了我国当时先进的采矿技术。其采石方法，是先揭去上层风化岩层，回采中部和下部的新鲜岩层。在八仙岩，可见先开一约60平方米的露天竖坑，剥离上层，深约7米后，移至东面从上至下一层层开采石料。每层中，又分若干条条幅，分条开凿，每条条幅宽50-55厘米，厚70厘米。为了便于人工操作，采到一定深度留采矿平台，组成几个向下台阶工作面，总深度达30余米。这种下行开采顺序的优点是：建矿时间短，出石快，生产安全条件好，充分显示了古代高超的开拓技术。为了减少上层剥离废石的工作量，提高劳动生产率，露天开采到一定深度，即转为地下矿房开采。八仙岩、观音岩、浴仙池等地，可见古代工匠将红砂岩划分为若干个矿房，矿房之间留有规则的条带形矿柱。观音岩的矿房非常规整，每个矿房长7.05～7.55米，宽5米左右，高约5米，矿柱宽2.4米。其工艺是在工作面上部开超前切割槽，靠红色砂岩本身的稳固性和矿柱的支撑能力维护回采过程中形成的采空区，这与肇庆宋代采端砚石“中空如一间屋，每丈许留石柱柱之”所描述的房柱法相同。莲花山古代采石面，既长且宽，可见许多切割岩层上有錾刻的横线和斜线，人工开采的直壁岩面，高几米至几十米，十分壮观。这一点，与东莞石排燕岭古采石场非常相似。

1.2 东莞石排燕岭古采石场遗址

燕岭古采石场遗址位于距东莞市城区不到15公里的石排镇境内东江南岸丘陵中段。东江南岸丘陵东起石排镇横山村下宝潭自然村北，西至茶山镇京山村，长约8公里，宽0.3～0.5公里，海拔20～50米，北东东至南西西走向，组成岩石为棕红色细砂质粉砂岩，是第三系沉积构成的湖相碎屑沉积岩，形成于中生代燕山运动中。其棕红色细砂质粉砂岩中间夹有少量棱角状砾石，结构较紧密，硬度较大。燕岭古采石场遗址处于该段丘陵中段的石排镇燕窝村至田边村段，海拔40米以上，主峰高山城达51.8米。丘陵平地突起于东江南岸阶地之上，显得坚挺峻峭。

东莞石排的红砂岩丘陵中，实测岩层倾向为N15°～30°W，倾角20°～30°，岩层倾角较大，垂直节理很少，故在长期的侵蚀、溶蚀和风化过程中，形成坡度较大的丘岗，这与番禺莲花山古采石场遗址呈垂直节理有很大不同，也不像水平岩层、垂直节理发育的红岩地区如仁化丹霞山那样，出现方山群——线天—巷谷—陡壁—石柱组合的丹霞地貌发育过程。虽然燕岭一带石壁林立，奇峰峻峭，酷似典型丹霞地貌“顶平、身陡、麓缓”的特征，但这种现象则是历代人工采石所形成的。

东莞石排燕岭古采石场遗址

东莞石排燕岭古采石场遗址

东莞石排燕岭古采石场遗址

东莞石排燕岭古采石场遗址

东莞石排燕岭古采石场采石遗迹

东莞石排燕岭古采石场遗址钎痕

东莞石排燕岭古采石场遗址石质构成

据史籍记载，最晚到明代石排就有石料开采，其所产之石，古称之为“红麻石”或“红粉石”。“出京山（今属茶山镇）、西湖（今属石龙镇）、燕窝（今属石排镇）诸山，其佳者，谓之大红；次者，杂砂石，谓之沙红。邑中旧日起造多用此石”[①]。燕岭古采石场就处于燕窝村至田边村段方圆数公里，这里的红色砂岩，色泽亮丽，所产石料与当年东莞的青砖、白泥一样名扬粤海。莞邑的旧民居用石，大都取自燕岭。在有近六百年历史的旧围村——塘尾村可见到，该村祠堂、公厅和民居的墙裙、墙脚、石柱、柱础、门框、门额、石雕、古井和巷道皆是用燕岭的红石砌成。由于历代的开采，燕岭古石场遗址断崖、绝壁、石柱、奇峰峭岣，石窟、石桥、石窗，千姿百态，形成了许多独特的景观。

燕岭古采石场明、清时期大量开采，民国年间和新中国成立后仍继续采石。建国后，为适应大规模水利建设需要，燕岭复办石场，爆破开采块石，供建筑涵闸及堤基需用。20世纪90年代，广州解放北路象岗的南越王墓修复时，临街挡土墙和门面的用石，也是取自该处。由于矿石开采破坏资源生态，1999年，石排镇人民政府发文禁止开采燕岭红砂岩。2002年7月17日，燕岭古采石场遗址被公布为广东省第四批文物保护单位。

从遗址的开采痕迹看，采石面既长且宽，切割岩层上錾刻的横线和斜线清晰密布，人工开采的直壁岩面高几米至几十米，十分壮观。在现场，可见古代矿工将红色砂岩划分为若干个矿房，排列整齐，矿房之间留有规则的条带开矿柱，号称“十八房间”，其开采技术与番禺莲花山采石场遗址一样，是采用露天开采法和房柱采矿法联合开拓，代表了我国当时先进的采矿技术。

二 珠三角地区红砂岩文化遗存的岩性特征

红砂岩主要呈粒状碎屑结构和泥状胶结结构两种典型结构形式，因胶结物质和风化程度的差异，其强度的变化大，岩块的大小及颗粒级配将随干湿循环的时间过程而变化，其物理力学性质也将产生变化，按强度和崩解特性划分有三种类型：一类红砂岩，岩块天然单轴抗压强度小于15Mpa，在105℃温度下烘干后浸水24小时内，呈现渣状、泥状或粒状崩解；二类红砂岩，岩块天然单轴抗压强度小于15Mpa或稍大于15Mpa，在105℃温度下烘干后浸水24小时内，呈块状崩解；三类红砂岩，岩块天然单轴抗压强度大于15Mpa，不崩解，特性与普通砂岩无区别。

番禺莲花山古采石场遗址，为第三系沉积构成的陆湖碎屑沉积岩，皆以浅紫色、紫红色为主，夹有灰白色、绿灰色，少量为黄褐色、灰褐色、灰白色，皆为半胶结状，不十

① 陈伯陶：（民国）《东莞县志》，广东省东莞县养和印务局，1926年，卷15，第13页。

分坚硬，易于水解。主要矿物碎屑为石英和长石，石英含量一般为30%～55%．长石含量为10%～35%，其中钾长石以正长石和微纹长石为主，少量透长石。岩屑成分主要为花岗岩、酸性斑岩、硅质岩、泥岩、粉砂岩及少量硅化岩、变质砂岩、泥晶灰岩、石英岩等。微量矿物碎屑主要为磷灰石、电气石、锆石等。胶结物和杂基为碳酸盐（方解石为主）、绢云母、黏土矿物和少量铁质，其含量一般为15%～20%，而大于20%者为杂砂岩（或复成分砂砾岩）。长石石英砂岩多为接触式胶结，而杂砂岩、复成分砂砾岩为基底式胶结。砂岩、砂砾岩分极差，颗粒大小悬殊，成分成熟度与结果成熟度极低。

东莞石排燕岭古采石场遗址是第三系沉积构成的湖相红色碎屑岩，形成于中生代燕山运动中，其棕红色细砂质粉砂岩中间夹有少量棱角状砾石。红砂岩中最主要的矿物碎屑为石英和长石，其中石英含量高达70%以上，长石以钾长石为主，含量在4.5%以上。胶结物和杂基主要为碳酸盐（方解石为主）、伊利石、伊蒙混层、高岭石、铁白云石、赤铁矿等，其含量在15%以上。钾长石属不稳定矿物质，而伊利石、伊蒙混层、高岭石等黏土类胶结质极易风化，故石排燕岭的红砂岩整体稳定性较差。

天卿大雅心廣體胖結廬燕嶺萬
物靜觀池魚逐荔蒼鳥啼紅千
林明月疊嶂清風與人同與佳
景時逢高山仰止書贈銘峯

第三章
东莞红砂岩文化遗存概况

Study on Status Evaluation and
Preservation Methods of Red Sandstone
Cultural Heritage in Dongguan

东莞红砂岩文化遗存保存
状态评估与保护方法研究

东莞的石质文物种类包括古遗址、古墓葬、古建筑构件、石刻、碑碣等，其材质有红砂岩、石灰岩、花岗岩、板岩等。在所有材质中，又以红砂岩最为典型。特别是现存的明清古建筑，以红砂岩作为建筑构件和承重材料非常普遍，也正是因为有这些红色的石头，东莞古建筑才得以向世人展现其独特的风采。

一 东莞红砂岩文化遗存的年代

古文献中对红石（即红砂岩）的记载寥寥无几，直至广州南越王墓的发掘，我们才得知远在西汉时期，人们就已大量使用红砂岩作为建筑材料。东莞最早使用红砂岩作为建筑材料的时间，文献中没有确切记载，无从可考，但从东莞的考古发掘资料以及现存的文物资源中可以推断，早在北宋时红砂岩已被用作墓葬和古建筑装饰材料。

1972年6月，广东省博物馆会同东莞市博物馆，在距莞城西南约3公里的白泥坑山上抢救性发掘了一座砖室墓，从墓葬形制和出土器物特征可判断该墓葬年代为北宋时期。墓葬结构为方形双室券顶砖墓，墓室前后各有一条长100厘米，高、宽各18厘米的红砂岩石块横放墓底，用于承垫葬具[①]。

现存于金鳌洲塔管理所的上清观镇门兽石刻狻猊，为红砂岩雕刻，头尾长140厘米，两侧宽54厘米，高75厘米，因作镇门神兽，故在其脖子上刻有珠链。上清观原址在莞城西南隅道家山（今莞城文化广场）上，观已不存。其始建年代不详，而明代陈琏《重修上清观碑》中载“宋政和甲午（1114年）邑令杨禩相地改创，淳熙戊申（1188年），邑令王中行重修……”[②]，由此可知上清观宋代时便已存在，而从狻猊的雕刻形制和装饰风格也可判断，该石雕应为宋代遗物。

保存至今的燕岭古采石场遗址是东莞境内仅有的红砂岩采石场，从就地取材的因素考虑，东莞古建筑中的红砂岩石料大部分都应该来自这里。燕岭古采石场遗址最早开采年代不详，根据文献记载及就地取材因素考虑，燕岭古采石场遗址的开采年代不会晚于明代。据（民国）《东莞县志》载，明代洪武十七年（1384年）南海卫指挥常懿重建新城，将旧城墙改砌以红砂岩，建和阳门（东）、迎恩门（西）、崇德门（南）、镇海门（北）[③]。现只留下迎恩门（今西城门），其余门皆毁。2004年12月，东莞市人民政府维修西城门时，仍保存其红砂岩基座。从就地取材因素考虑，明代常懿重建西城门所用红砂岩即为燕岭采石场所产。

---

① 广东省博物馆、东莞市博物馆：《广东东莞北宋墓清理简报》，《考古》，1991年，第7期，第668页。
② 张二果、曾起莘编，杨宝霖点校：（崇祯）《东莞县志》，东莞市人民政府，1995年，第8卷，第976页
③ 陈伯陶：（民国）《东莞县志》，广东省东莞县养和印务局，1926年，第16卷，第1页。

据陈子壮《石岗士民颂李公德政碑》记载："石岗又从宝安来脉百里……其来脉诸山多产良石，他邑土木营构，皆耽视之，守护稍怠，假权力以采伐者，锥琢之声闻于数里，陵为之谷，秀为之瘁，于是诸乡士民耆旧，相与诉之邑侯。时姑苏李侯莅邑，洁己如冰，爱民如子，下令如奔流之原，持法如精钢不可挫挠，廉访舆情，即为禁止。海氛骤起，会城东南临德诸要害皆筑台，贮火炮以御舶盗，而虎门又创建城堞，公家采石之役四出，昔所耽视，复哆口藉手，稽且岌岌山无全骨。王君崇闇成进士，请假还，率其乡力诉于侯，为之达于郡督，于藩宪大夫，于两院使者，条悉居民所系之切，卒保无害，山云郁茜"①。石冈为石排的古名，从以上碑文可解读出以下信息：

(1) 在明代，红砂岩的需求量十分庞大，本地筑台或建城等官府建筑均有所采用，甚至"他邑土木营造，皆耽视之"。附近各州、府、县建衙署、坊碑、桥梁、道路、海防设施等需用皆出自石排。

(2) 当时，石排燕岭采石场的规模巨大，"锥琢之声闻于数里，陵为之谷，秀为之瘁"，即方圆数里都可以听到锥琢采石的声音，其后果是山陵都被开凿成谷地，秀丽的山峰因过度开发而'稽且岌岌山无全骨"。

(3) 明代，燕岭的采石场有私办，也有官办，大批石工长驻该地大量开采，并就地加工成各种建筑材料。有"守护稍怠，假权力以采伐者"，也有"公家采石之役四出，昔所耽视，复哆口藉手"的现象。

(4) 因采石无度，损伤了地脉，破坏了环境，当地的有识之士、德高望重的老者纷纷投诉于当时的县令李模，李模"廉访舆情，即为禁止"。可见，在明代，就有因保护环境而禁止采石的政令。

(5) 石排燕岭禁止采石的时间在于何年，东莞之志虽无明文记载，但李模任东莞县令时间是天启五年（1625年）至崇祯四年（1631年）。"王君崇闇"即王应华，石排人，崇祯元年进士，"请假还，率其乡力诉于侯"，在封建社会，殿试放榜后，新科进士请假回乡祭祖。王应华请假回乡时就禁采之事述于李模，由此可推断，石排燕岭禁止采石的时间应在崇祯元年（1628年）。

从明代开始，燕岭采石场历代多次开采，又多次禁采。清康熙年间，石排士人黎之纲上书地方官府，再次禁止采石。据（民国）《东莞县志》《黎之纲传》载："黎之纲字岂公，石岗人……康熙十一年（1672年）副榜，授海康教谕……莞有石山，延袤二十余里，当东江冲，凡九十三乡田庐，资以保障。奸民将凿石牟利，之纲力请有司严为封禁。至今嘉赖焉"②。

清朝末年至民国时期，除了零星的石料开采外，大规模的采石在燕岭基本停止。究其原因，正如陈伯陶在（民国）《东莞县志》中说"邑中旧日起造多用此石，然柔脆不能耐久，咸气蚀之则皮剥。近禁开采，邑多改用麻石矣。麻石，色灰白而斑驳，邑诸山多有之"③。由于自身的岩性特征柔脆不能耐久，加之东莞近海气候潮湿多雨，红砂岩极易出现断裂、倒塌、酥碱、

① 张二果，曾起莘编，杨宝霖点校：（崇祯）《东莞县志》，东莞市人民政府，1995年，第7卷，第795、796页。
② 陈伯陶：（民国）《东莞县志》，广东省东莞县养和印务局，1926年，第65卷，第6页。
③ 陈伯陶：（民国）《东莞县志》，广东省东莞县养和印务局，1926年，第15卷，第13页。

剥落等风化现象，在晚清至民国时期，作为建筑材料的红砂岩逐渐被更坚固耐久、不易风化且来源更为广泛的麻石所取代。由于市场萎缩，加上官府屡次禁采，最晚到民国时期，燕岭采石场基本停止开采。当然，这种停止不是绝对的，从东莞市第三次全国文物普查田野调查的情况看，民国时期东莞的民居、祠堂、碉楼等建筑仍有用红砂岩做装饰材料的现象，如石雕、门楣等，但大规模使用红砂岩做建筑材料的现象已不存在。由此可见，目前石排及东莞其他镇（街）所保留的明清古建筑墙裙、柱础、石柱、门框、石雕、古井和巷道等使用的红砂岩，除近年来重修或维修过的红砂岩构件外，其年代应基本为明清时期。

二 东莞红砂岩文化遗存的分布范围

东莞古建筑以广府建筑风格为主流，也有少量客家建筑，祠堂、庙宇、古塔、牌坊、古桥、古亭、城楼、园林和民居等种类齐全。红砂岩、青砖是颇具东莞地方特色的建筑材料。从红砂岩的使用范围来看，以东莞市第三次全国文物普查数据为依据，其主要用于民居和祠堂庙宇的地面、墊台、墙裙、门楣、门框、柱、柱础、梁、雀替等建筑构件，墓葬的夯筑、华表，摩崖石刻、神道石刻，桥梁的承重材料等。其中建筑构件数量巨大，难以统计，而石刻、墓葬、桥梁、亭阁、城楼及近现代建筑中的红砂岩石材则使用较少。

从红砂岩文化遗存分布的地域来看，以东莞市第三次全国文物普查数据为依据，东莞32个镇街（莞城、石龙、东城、南城、道滘、虎门、横沥、常平、长安、厚街、寮步、高埗、清溪、塘厦、凤岗、石排、东坑、谢岗、桥头、企石、樟木头、洪梅、沙田、望牛墩、麻涌、大朗、黄江、大岭山、万江、石碣、茶山、中堂）及松山湖产业园区均有不可移动文物的分布。其中，松山湖、洪梅和沙田这三个镇区因文物数量少，大多为近现代重要史迹及代表性建筑，红砂岩文化遗存几乎没有，其他各镇街特别是石排、茶山等镇，红砂岩文化遗存数量众多且具有非常珍贵的价值。

表3.1　东莞市红砂岩文化遗存分布表

镇街	名称	年代	所在地	构件	GPS
莞城	王氏家庙	明代	东莞市莞城街道北隅社区振兴路市人民医院第一门诊部门口左侧50米	门框、柱子	113°44'18.9" 23°02'44.3"
	探花第	清代	东莞市莞城街道市桥社区东正路横巷	墙裙、匾额	113°45'05.1" 23°02'41.6"
	容庚故居	清代	东莞市莞城街道北隅社区旨亭街8巷2、4、6号	门框、墙裙、地基	113°44'33.3" 23°02'52.2"

续表

镇街	名称	年代	所在地	构件	GPS
莞城	东正黄氏宗祠	清代	东莞市莞城街道东正社区学左街三巷17号	柱础、地基、塾台、门框	113°45'28.1" 23°02'57.4"
	东莞可园	清代	东莞市莞城街道博厦社区可园路32号	地基、墙裙、匾额等	113°44'18.9" 23°02'39.6"
	罗村翟氏宗祠	明代	东莞市莞城街道罗沙社区罗村路口，金沙肉菜市场旁	柱础、地基、塾台、门框等	113°45'36.8" 23°02'40.5"
石龙	东沙张公祠	清代	东莞市石龙镇西湖村卫生站	柱础、地基、塾台、门框	113°51'30.0" 23°05'45.6"
	春宇张公祠	清代	东莞市石龙镇西湖村卫生站东侧	柱础、地基、墙裙、门框、地面	113°51'30.3" 23°05'45.8"
	竹溪张公祠	清代	东莞市石龙镇西湖村卫生站东侧	柱础、地基、塾台、门框、石雕	113°51'32.1" 23°05'47.0"
	黄家山麦氏宗祠	清代	东莞市石龙镇黄家山村东北侧	柱础、地基、门框、墙裙等	113°51'57.0" 23°07'17.7"
	林屋林氏宗祠	明代	东莞市石龙镇林屋村旧村	柱础、地基、门框	113°51'25.4" 23°06'39.6"
虎门	虎门寨苏氏宗祠	待定	东莞市虎门镇虎门寨社区东下二巷21-1号	柱础、地基、门框等	113°40'00.1" 22°49'34.3"
	龙母元君宫	清代	东莞市虎门镇镇口社区中正坊街二巷16号	柱础、地基、门框	113°39'17.9" 22°49'49.9"
	爱东书室	清代	东莞市虎门镇镇口社区中正坊街13号	柱子、地基	113°39'14.3" 22°49'50.7"
	海宇公祠	清代	东莞市虎门镇镇口社区中正坊街12号	柱子、地基	113°39'14.6" 22°49'50.7"
	寸耕万公祠	清末	东莞市虎门镇镇口社区中正坊街21号	柱础、地基	113°39'14.1" 22°49'53.6"
虎门	南栅王氏大宗祠	清代	东莞市虎门镇南栅社区南栅小学门口左侧	柱础、地基、门框	113°41'15.1" 22°47'30.4"
	翠蹊王公祠	明代	东莞市虎门镇南栅社区西头村民小组	柱础、地基、墙裙	113°41'12.3" 22°47'17.7"
	秋月王公祠	明代	东莞市虎门镇南栅社区西头村民小组	柱础、地基、门框	113°41'12.0" 22°47'17.9"
	竹隐梁公祠	清代	东莞市虎门镇宴岗社区宴岗四巷	柱础、墙裙、塾台、门框	113°41'36.7" 22°46'37.1"
	郭真人古庙	明代	东莞市虎门镇白沙社区山兜坊缯山尾	地基、门框、匾额	113°39'49.9" 22°51'36.6"
	白沙郑氏大宗祠	清代	东莞市虎门镇白沙社区四村村头	地面	113°39'24.6" 22°51'18.6"
	逆水流龟村堡	明代	东莞市虎门镇白沙社区五村	墙裙、地基、门匾等	113°39'43.7" 22°51'22.2"
	南野梁公祠	待定	东莞市虎门镇东风社区卫生站与东风小学之间，西畔一巷4号旁	柱础、地基、门框	113°40'48.4" 22°47'54.7"
	卢谦公祠	待定	东莞市虎门镇树田社区向南十二巷5号	柱础、地基、门框等	113°44'40.4" 22°49'04.5"
	赤岗何氏大宗祠	明代	东莞市虎门镇赤岗社区南北路9号侧	柱础、墙裙、门框等	113°41'55.2" 22°50'45.1"
	玉琁公祠	待定	东莞市虎门镇怀德社区深巷六巷16号	柱子、地面、门框	113°44'35.9" 22°50'20.4"

续表

镇街	名称	年代	所在地	构件	GPS
东城	下桥钱氏宗祠	明—清	东莞市东城街道下桥社区德邻里26号	柱础、地基、门框等	113°46'45.3" 23°04'56.7"
	余屋余氏宗祠	明成化七年（1471年）	东莞市东城街道余屋社区园头巷38号	柱础、地基、门框、墙裙	113°49'36.3" 23°04'46.5"
	周屋周氏宗祠	明－清	东莞市东城街道周屋社区三村	柱础、地基、墙裙	113°49'34.9" 23°04'34.8"
	西乐袁公祠	清代	东莞市东城街道桑园社区桑圃东路	柱础、地基、门框	113°48'59.5" 23°03'28.9"
	儒宾公祠	清咸丰年间	东莞市东城街道桑园社区桑圃东路	柱础、地基、门框	113°48'59.9" 23°03'33.0"
	阆川公祠	明代	东莞市东城街道温塘社区南边路	门匾、地基、门框	113°49'52.5" 23°02'56.2"
	桦轩公祠	明代	东莞市东城街道温塘社区南边路	石雕、地基、门框等	113°49'53.6" 23°02'56.2"
	乌石岗黎氏宗祠	明洪武十年（1377年）	东莞市东城街道主山社区乌石岗工业区	柱础、地基、门框	113°47'03.7" 23°01'48.1"
	主山黄氏宗祠	明代	东莞市东城街道主山社区主山村	柱础、地基、门框	113°46'39.3" 23°02'32.5"
	梅轩公祠	明代	东莞市东城街道温塘社区麻石街8号右侧	柱础、地基、门框	113°49'49.0" 23°03'02.8"
万江	下坝詹氏宗祠	清代	东莞市万江街道坝头社区下坝坊29号旁	地面、柱础、地基、门框	113°43'40.9" 23°01'43.1"
	大汾何氏宗祠	明嘉靖六年（1527年）	东莞市万江街道大汾社区长门楼	柱础、地基、门框	113°40'50.1" 23°02'37.2"
	谷涌庾氏宗祠	明代	东莞市万江街道谷涌社区沿河路30号旁	门匾、柱础、地基、门框	113°41'23.3" 23°04'16.1"
万江	令绅刘公祠	1912年	东莞市万江街道新和社区新洲旧坊十七巷	地基、门框	23°59'59.7" 113°41'49.4"
	元信陈公祠	清代	东莞市万江街道拔蛟窝社区祠前路	塾台、地基、门框	113°42'20.4" 23°04'00.7"
	拔蛟窝陈氏大宗祠	明末	东莞市万江街道拔蛟窝社区祠前路一巷	柱础、地基、门框、塾台	113°42'21.0" 23°04'02.2"
	拔萃家塾	清光绪二十八年（1902年）	东莞市万江街道拔蛟窝社区河西路九巷13号旁	柱础、地基、门框	113°42'23.6" 23°04'02.8"
	蚬涌刘氏宗祠	清代	东莞市万江街道蚬涌社区蚬三队教美十一巷1号东侧	柱础、地基、门墩、门框	113°41'54.8" 23°04'05.2"
	上甲谢氏宗祠	1894年	东莞市万江街道上甲社区宝树路十九巷2号旁	柱础、地基、门框、塾台等	113°41'34.7" 23°03'08.1"
	参军府	清代	东莞市万江街道水蛇涌社区振兴北路旁	门匾、地基、门框	113°42'13.6" 23°02'54.0"
	滘联谢氏宗祠	清代	东莞市万江街道滘联社区朱滘贝坊谢屋村	柱础、地基、门框等	113°41'10.6" 23°05'15.6"
	万江黄氏宗祠	待定	东莞市万江街道万江社区黄屋基村民小组黄屋基街22号	柱础、地基、门框	23°03'18.8" 113°43'40.3"
	罗亨信墓	明代	1988年4月，广东省、东莞市博物考古部门联合对该墓地进行发掘。现存于东莞市万江金鳌洲塔管理所。	华表、石雕、碑座等	

续表

镇街	名称	年代	所在地	构件	GPS
万江	钟松雪墓	明代	现存于东莞市万江金鳌洲塔管理所	墓室石材、墓神道、石刻等	
	种德桥	明嘉靖年间	东莞市万江街道大汾社区种德桥坊一巷3号东，塘面坊八巷12号西	桥体	113°40'57.8" 23°02'39.6"
	青云桥	明万历年间	东莞市万江街道大汾社区下坐坊	桥身、桥面栏杆、望柱、桥额	113°40'57.8" 23°02'39.6"
	连步桥	明嘉靖年间	东莞市万江街道大汾社区连步桥坊五巷6号东侧	桥身、桥额	113°41'21.0" 23°02'44.1"
南城	胜和苏氏宗祠	明－清	东莞市南城街道胜和社区	柱础、地基、门框等	113°44'19.9" 23°01'52.2"
	雪松李公祠	1917年	东莞市南城街道石鼓社区	柱础、地基、门框	113°41'42.6" 22°58'55.5"
	观可李公祠	清嘉庆年间	东莞市南城街道石鼓社区十三坊二街29号旁	柱础、地基、门框	113°41'39.9" 22°58'53.3"
	棣甫张公祠	1932年	东莞市南城街道胜和社区恬甲一村	柱础、地基、门框	113°43'47.7" 23°01'25.2"
	袁屋边陈氏宗祠	明弘治年间	东莞市南城街道袁屋边社区平乐坊阜东路76号旁	柱础、地基、门框	113°42'49.5" 22°59'35.9"
	雅园张氏宗祠	清末	东莞市南城街道雅园社区前13号	柱础、地基、门框	113°45'15.0" 22°58'35.7"
	周溪五玉翟公祠	清代	东莞市南城街道周溪社区上和坊下围村	柱础、地基、门框	113°42'54.0" 22°59'59.4"
中堂	槎滘罗氏宗祠	清末民初	东莞市中堂镇槎滘村里明村民小组内	柱础、地基、门框等	113°37'34.9" 23°05'33.3"
	槎滘黎氏大宗祠	明嘉靖年间	东莞市中堂镇槎滘村西头村民小组北面	柱础、地基、门框	113°37'36.1" 23°05'45.3"
	一村陈氏宗祠	元泰定五年（1328年）	东莞市中堂镇一村集桥坊四巷	柱础、地基、门框	113°38'46.8" 23°05'09.2"
	槎滘陈氏大宗祠	清同治五年（1866年）	东莞市中堂镇槎滘村陈屋村民小组内	柱础、地基、门框	113°37'39.0" 23°05'18.4"
	江南钟氏宗祠	清代	东莞市中堂镇江南社区充美坊八巷左侧	柱础、地基、门框	113°38'45.2" 23°06'55.3"
	东向冯氏宗祠	清代	东莞市中堂镇东向村西门坊	柱础、地基、门框	113°38'30.2" 23°05'05.7"
	景胜廖公祠	清光绪三十三年（1907年）	东莞市中堂镇东泊村廖屋村小组	柱础、地基、门框	113°39'38.2" 23°06'02.9"
	文林郎吴公祠	明代	东莞市中堂镇吴家涌村中心路	柱础、地基、门框、门匾	113°40'29.0" 23°06'25.7"
	东晓吕公祠	清嘉庆年间	东莞市中堂镇袁家涌村新湾村旧村五巷2左侧	柱础、地基、门框等	113°41'19.6" 23°06'53.4"
	凤冲陈氏宗祠	清道光年间	东莞市中堂镇凤冲村	柱础、地基、门框	113°41'38.0" 23°06'03.1"
	胜起家祠	清道光年间	东莞市中堂镇凤冲村	门框、墙裙、匾额	113°41'38.1" 23°06'03.1"
	四乡郭氏宗祠	清道光十四年（1834年）	东莞市中堂镇四乡村十五巷	柱础、地基、门框、门墩	113°36'38.2" 23°03'09.0"

续表

镇街	名称	年代	所在地	构件	GPS
中堂	潢涌黎氏大宗祠	清代	东莞市中堂镇潢涌村德本坊大街二巷左侧	柱础、地基、门框等	113°43'54.6" 23°07'21.4"
望牛墩	仲元赵公祠	清代	东莞市望牛墩镇五涌村漕滘村民小组	柱础、地基、门框	113°37'53.4" 23°02'00.4"
	福安吴氏宗祠	清代	东莞市望牛墩镇福安村	柱子	113°36'49.7" 23°02'23.9"
	下漕莫氏宗祠	清代	东莞市望牛墩镇下漕村七巷与八巷之间	柱础、地基、门框	113°37'37.0" 23°01'01.0"
	安遇陈公祠	清代	东莞市望牛墩镇望东村石面村民小组	柱础、地基、门框	113°39'19.8" 23°03'36.6"
	敬山家塾	清代	东莞市望牛墩镇聚龙江村十九巷	柱础、地基	113°39'03.6" 23°03'42.8"
	聚龙江谭氏小宗祠	清代	东莞市望牛墩镇聚龙江村	柱础、地基、门框等	113°39'02.5" 23°03'40.1"
麻涌	华阳蒋氏家祠	清代	东莞市麻涌镇华阳村漕滘村民小组西部	柱础、地基、门框	113°34'17.3" 23°04'32.9"
	大步李氏大宗祠	清代	东莞市麻涌镇大步村郭坊	柱础、地基、门框	113°34'37.9" 23°02'50.3"
	尔会莫公祠	民国	东莞市麻涌镇新基村四宅八巷2号	柱子、门框	113°35'18.2" 23°03'39.4"
	月川莫公祠	民国	东莞市麻涌镇新基村旧中坊	柱础、地基	113°35'22.4" 23°03'54.2"
	新基莫氏宗祠	明代	东莞市麻涌镇新基村八宅坊	柱础、地基、门框	113°35'23.9" 23°03'51.4"
	菊墅莫公祠	清代	东莞市麻涌镇东太村东浦村359号	柱础、地基、门框	113°34'55.0" 23°03'21.8"
	尚古莫公祠	清代	东莞市麻涌镇东太东浦村175号	柱础、地基、门框	113°34'52.0" 23°03'15.3"
	蔼林萧公祠	清代	东莞市麻涌镇麻四村八坊	墙裙、门框	113°34'06.2" 23°02'56.8"
	竹川萧公祠	清代	东莞市麻涌镇麻三村六坊新街基五巷四号	柱础、地基、门框等	113°34'13.7" 23°03'11.2"
	草堂莫公祠	清代	东莞市麻涌镇麻三村一坊	柱础、地基	113°34'08.8" 23°03'03.9"
	竹松雷公祠	清代	东莞市麻涌镇麻二社区三坊沿河南街一巷12号	柱础、地基	113°33'59.0" 23°02'43.5"
	隐庵韦公祠	清代	东莞市麻涌镇鸥涌村原鸥涌小学内	柱础、地基等	113°36'25.8" 23°05'28.0"
石碣	南园祖祠	清代	东莞市石碣镇单屋村石地塘村村民小组	地基	113°48'11.7" 23°07'25.4"
	单屋单氏小宗祠	明正德九年(1513年)	东莞市石碣镇单屋村大围村民小组	柱础、地基、门框	113°48'18.9" 23°07'18.0"
	旦初吴公祠	清代	东莞市石碣镇沙腰村塘面坊	柱础、地基等	113°46'26.2" 23°07'12.9"
	横滘胡氏宗祠	明崇祯三年(1630年)	东莞市石碣镇横滘村三村民小组	柱础、地基、门框、匾额	113°46'16.1" 23°05'09.5"
	水南陈氏宗祠	明万历年间	东莞市石碣镇水南村旧陈上一巷12号	匾额、地基、门框等	113°49'34.0" 23°06'10.4"
	西竹叶公祠	明万历年间	东莞市石碣镇水南村陈屋村民小组	柱础、地基、门框等	113°49'30.9" 23°06'10.0"

续表

镇街	名称	年代	所在地	构件	GPS
石碣	礼棠袁公祠	清代	东莞市石碣镇石碣村下一村民小组	柱础、地基、门框	113°48'07.3" 23°05'40.2"
	唐洪唐氏宗祠	清光绪二十七年(1901年)	东莞市石碣镇唐洪村唐洪街17号	匾额、柱础、地基、门框	113°50'18.2" 23°06'17.6"
	淡翁梁公祠	清代	东莞市石碣镇梁家村向北街	柱础、地基、门框	113°47'31.1" 23°07'28.2"
高埗	冼沙东岳庙	清光绪二十五年(1899年)	东莞市高埗镇冼沙村第五坊村头	匾额、地基、门框	113°44'42.0" 23°06'18.4"
	朴斋李公祠	清代	东莞市高埗镇冼沙村五坊村民小组	柱础、地基、门框	113°44'39.7" 23°06'17.4"
	仁斋李公祠	清代	东莞市高埗镇冼沙村五坊村民小组	匾额、柱础、地基、门框	113°44'39.6" 23°06'17.3"
	朱磡吕氏宗祠	明万历年间	东莞市高埗镇朱磡村朱二村民小组	柱础、地基、门框、塾台	113°42'47.0" 23°05'47.6"
	低涌熊氏宗祠	清代	东莞市高埗镇低涌村熊二村民小组	柱础、地基、门框、塾台	113°43'20.0" 23°05'45.2"
道滘	静轩家塾	清代	东莞市道滘镇南城村南边坊村小组十六巷	墙裙、门框、地基	113°39'40.6" 23°00'05.7"
	巍焕楼	清代	广东省东莞市道滘镇虹南路永庆村委会斜对面	门框、匾额	113°39'21.1" 22°59'59.4"
	小河杜氏宗祠	清代	东莞市道滘镇小河村大涡村小组一巷2号左侧	墙裙、门框、门匾	113°40'02.2" 23°01'47.0"
厚街	慕庄公祠	清嘉庆年间	东莞市厚街镇厚街村大塘小组村六巷2号旁	柱础、地基、门框	113°38'48.5" 22°56'33.1"
	觉迟公祠	清嘉庆年间	东莞市厚街镇厚街村西门四巷出租屋116号旁	柱础、地基、门框等	113°39'03.0" 22°56'28.2"
	季亨王公祠	清代	东莞市厚街镇涌口村西社小组西园街23号	柱础、地基、门框	113°38'08.6" 22°55'26.4"
	菊塘公祠	1925年	东莞市厚街镇涌口村南社小组文明街37号	地基、门框	113°38'11.2" 22°55'19.0"
	平康公祠	待定	东莞市厚街镇涌口村南社小组文明街45号	柱础、地基、门框等	113°38'10.3" 22°55'19.0"
	耕读公祠	清光绪年间	东莞市厚街镇新塘村新地小组新平路三巷1号前	柱础、地基、门框	113°39'15.4" 22°54'40.5"
	前埜公祠	清光绪十五年(1889年)	东莞市厚街镇双岗村官美厦十八巷巷口	柱础、地基、门框	22°54'46.8" 113°38'05.6"
	隐斋公祠	明嘉靖十八年(1539年)	东莞市厚街镇溪头村祠堂街1号	柱础、地基、门框等	113°39'08.0" 22°53'40.8"
	浩舟公祠	待定	东莞市厚街镇双岗村下环大路10号	地基、门框等	113°37'54.3" 22°54'49.0"
	乐山叶公祠	明末清初	东莞市厚街镇沙塘村旧一村北五巷旁	柱础、地基、门框	22°53'27.0" 113°39'12.8"
	显宗方公祠	清光绪十六年(1890年)	东莞市厚街镇宝塘村东村	柱础、地基、门框	113°39'22.7" 22°53'15.2"
	岐山公祠	清光绪二十二年(1896年)	东莞市厚街镇珊美村新庄村三巷3号	柱础、地基、门框等	113°39'08.1" 22°56'01.2"
	珊美陈氏宗祠	明成化十九年(1483年)	东莞市厚街镇珊美村陈家坊十三巷4号	匾额、地基、门框等	113°39'46.1" 22°56'43.7"

续表

镇街	名称	年代	所在地	构件	GPS
厚街	敬斋公祠	明代	东莞市厚街镇赤岭村村委会旁	柱础、地基、门框	113°41'18.3" 22°58'15.9"
	节度陈公祠	清同治四年（1865年）	东莞市厚街镇桥头村祠边路2号旁	柱础、地基、门框等	113°39'37.3" 22°55'22.0"
	通政陈公祠	清代	东莞市厚街镇桥头村祠边村七巷1号	柱础、地基、门框、门匾等	113°39'36.4" 22°55'17.8"
	河田方氏宗祠	清咸丰五年（1855年）	东莞市厚街镇河田村祠边三巷2号旁	柱础、地基、门框等	113°40'19.7" 22°55'55.0"
	河田方氏民居	清代	东莞市厚街镇河田村祠边五巷8号	柱础、地基、门框等	113°40'20.8" 22°55'54.2"
	河田天后宫	清光绪四年（1878年）	东莞市厚街镇河田村郡马路19号	门匾、柱础、地基、门框等	113°40'16.1" 22°55'53.5"
	秋成公祠	清光绪二十一年（1895年）	东莞市厚街镇河田村南坑三巷2号旁	柱础、地基、门框、匾额等	113°40'20.2" 22°55'45.1"
	万捌公祠	待定	东莞市厚街镇河田村南坑村8巷2号旁	柱础、地基、匾额	113°40'13.5" 22°55'43.8"
	海月岩摩崖石刻	宋代	东莞市厚街镇涌口村南社海月岩公园		113°53'30.2" 23°05'40.4"
长安	思峰王公祠	清光绪六年（1880年）	东莞市长安镇上角社区青龙东街北十二巷1号左侧	柱础、地基、门框	113°42'42.4" 22°48'02.9"
	上沙孙氏宗祠	明代	东莞市长安镇上沙社区东坊6001号右侧	柱础、地基、门框等	113°45'22.9" 22°47'37.4"
	沧洲秦公祠	清光绪二年（1876年）	东莞市长安镇厦边社区沙边村民小组沙堤街西五巷1号左侧	柱础、地基、门框、塾台	113°43'37.2" 22°47'45.5"
	勉学祖祠	清光绪五年（1879年）	东莞市长安镇乌沙社区李屋旧村西坊六巷4号旁	柱础、地基、门匾	113°46'36.1" 22°47'38.1"
	乌沙戴氏大宗祠	南宋	东莞市长安镇乌沙社区江贝井头祠堂西街14号旁	地基、门框、门匾	113°46'41.6" 22°47'37.8"
	南庄公祠	清同治八年（1869年）	东莞市长安镇新安社区横岗头横兴街二巷27号右侧	柱础、地基、门框、门墩	113°46'56.2" 22°48'42.5"
	新安陈氏宗祠	明万历四年（1576年）	东莞市长安镇新安社区街口路东二巷18号左侧	柱础、地基、门框、匾额等	113°46'50.2" 22°48'19.8"
	霄边蔡氏大宗祠	明代	东莞市长安镇霄边社区正大街南社八巷10号旁	门匾、柱础、地基、门框等	113°48'33.7" 22°48'18.6"
	霄边蔡氏宗祠	清道光年间	东莞市长安镇霄边社区正大街南社八巷10号右侧	门匾、柱础、地基、门框等	113°48'34.4" 22°48'18.0"
	廷玉蔡公祠	清道光年间	东莞市长安镇霄边社区正大街南社八巷1号	匾额、石雕等	113°48'35.8" 22°48'18.8"
	如浮公祠	清道光八年（1828年）	东莞市长安镇锦厦社区锦源路一坊八巷1号右侧	柱础、匾额、门框等	113°48'12.4" 22°48'01.9"
寮步	陈家埔上坊陈氏宗祠	清代	东莞市寮步镇陈家埔村上坊前巷21号	柱础、地基、门框等	113°51'02.3" 22°59'54.3"
	陈家埔下坊陈氏宗祠	清代	东莞市寮步镇陈家埔村下坊	柱础、地基、门框	113°51'05.2" 22°59'57.5"
	药勒卢氏宗祠	清代	东莞市寮步镇药勒村中围	柱础、地基、门框、塾台	113°50'54.5" 22°59'32.9"
	长坑黄氏宗祠	清代	东莞市寮步镇长坑村西北部	柱础、地基、门框	113°49'52.8" 22°59'33.3"

续表

镇街	名称	年代	所在地	构件	GPS
寮步	长坑陈氏宗祠	清代	东莞市寮步镇长坑村	柱础、地基、门框、墊台等	113° 49'58.1" 22° 59'32.7"
	东崖公祠	清代	东莞市寮步镇向西村	柱础、地基、门框	113° 50'47.4" 23° 01'37.7"
	岭厦钟氏宗祠	清代	东莞市寮步镇岭厦村岭横九巷1号	柱础、地基等	113° 50'07.8" 23° 01'31.7"
	恪谦公祠	清代	东莞市寮步镇富竹山村富东巷162号	柱础、地基、门框	113° 51'56.8" 23° 00'48.9"
	月轩公祠	清代	东莞市寮步镇富竹山村蟠龙街28号	柱础、地基、门框	113° 51'57.1" 23° 00'31.9"
	遐龄书室	清代	东莞市寮步镇西溪村	柱础、门框、墙裙、墊台、门枕石、匾额	113° 53'40.0" 22° 59'57.9"
	觉斋公祠	清代	东莞市寮步镇西溪村	柱础、门框、墙裙、墊台、门枕石、匾额	113° 53'39.9" 22° 59'57.2"
	凯廷公祠	清代	东莞市寮步镇西溪村	柱础、门框、墙裙、墊台、门枕石、匾额	113° 53'40.4" 22° 59'59.4"
	觉非公祠	清代	东莞市寮步镇西溪村	柱础、门框、墙裙、墊台、门枕石、匾额	113° 53'41.2" 23° 00'00.1"
	锦村公祠	清代	东莞市寮步镇西溪村	柱础、门框、墙裙、墊台、门枕石、匾额	113° 53'40.6" 22° 59'57.2"
	倬遐公祠	清代乾隆四年(1739年)	东莞市寮步镇小坑村	柱础、地基、门框、墊台	113° 50'29.7" 22° 59'14.0"
	方玉公祠	清代	东莞市寮步镇凫山村凫山六巷50号	柱础、地基、门框、石雕	113° 53'59.2" 22° 59'30.8"
	良边叶氏宗祠	清代	东莞市良边村叶屋村民小组	柱础、地基、门框	113° 52'58.2" 23° 00'19.8"
	竹园发祥祠	明万历年间	东莞市寮步镇竹园村	柱础、地基	113° 49'32.5" 23° 02'03.9"
	横坑钟氏祠堂	明嘉靖年间	东莞市寮步镇横坑社区	柱础、地基、门框	113° 49'21.9" 23° 01'46.9"
	都督钟公祠	明代	东莞市寮步镇新旧围村大宗一街39号	柱础、地基、门框	113° 50'03.4" 23° 01'09.6"
	南阳公祠	清代	东莞市寮步镇霞边村	柱础、地基、门框、门墩	113° 50'04.7" 23° 00'46.8"
	省吾公祠	清	东莞市寮步镇牛杨村银眠路81号	柱础、地基、门框、墊台	113° 52'37.3" 22° 57'12.5"
	浮竹山文阁	清雍正年间	东莞市寮步镇浮竹山村水落田	塔首层及各层匾额	113° 50'45.3" 22° 59'07.7"
	浮竹山叶氏宗祠	清代	东莞市寮步镇浮竹山村水围13号	柱础、地基、门框、门墩、墊台	113° 50'39.6" 22° 58'56.8"
	景林公祠	清代	东莞市寮步镇浮竹山村水围115号	柱础、地基、门框、门墩、墊台	113° 50'40.9" 22° 58'53.3"
	和平公祠	清代	东莞市寮步镇浮竹山村和平围48号	柱础、地基、墊台、门框	113° 50'44.5" 22° 58'48.0"
	坑口梁氏宗祠	明代	东莞市寮步镇坑口村下围桃溪小区472号	柱础、地基、门框、墊台	113° 52'17.8" 22° 59'36.0"
	兼两黄公祠	清代	东莞市寮步镇泉塘村泉塘街7号	柱础、地基、门框、匾额	113° 52'13.6" 22° 58'57.4"

续表

镇街	名称	年代	所在地	构件	GPS
大岭山	太公岭邝氏宗祠	1938年	东莞市大岭山镇太公岭村旧围	墊台、柱础、地基、门框	113°48'42.1" 22°55'09.3"
	大沙殷氏宗祠	1925年	东莞市大岭山镇大沙村旧围	柱础、地基、门框、匾额	113°50'07.1" 22°55'50.9"
	金桔叶氏宗祠	明代	东莞市大岭山镇金桔村	柱础、地基、门框等	113°50'27.4" 22°55'35.4"
	玩英何公祠	清代	东莞市大岭山镇杨屋村大围	柱础	113°50'40.2" 22°51'29.1"
	东庄公祠	清代	东莞市大岭山镇矮岭田村四区145号	柱础、台阶	113°49'37.0" 22°53'58.3"
	龙江张氏宗祠	清代	东莞市大岭山镇大岭山社区龙江村48号	地面	113°48'59.2" 22°54'34.0"
大朗	南石陈公祠	明宣德年间	东莞市大朗镇巷尾社区	柱础、地基、门框、匾额、台阶等	113°55'45.0" 22°57'02.5"
	大井头叶氏大宗祠	明代	东莞市大朗镇大井头村富贵路65号	柱础、地基、墊台	113°56'12.1" 22°57'00.9"
	诚士书室	明代	东莞市大朗镇大井头村富贵路125号	墙裙、门框等	113°56'13.9" 22°57'04.6"
	黎贝岭彭氏宗祠	清康熙年间	东莞市大朗镇黎贝岭村下彭旧围1号	柱础、地基等	113°54'05.3" 22°57'13.5"
	文光庙	明崇祯七年(1634年)	东莞市大朗镇松柏朗村中心区文光路	柱础、地基、门框、墊台	113°54'00.8" 22°56'26.0"
	犀牛陂刘氏宗祠	明代	东莞市大朗镇犀牛陂村大围	柱础、地基、门框	113°52'27.8" 23°52'13.8"
	佛子凹叶氏宗祠	清代	东莞市大朗镇佛子凹村一区58号左侧	柱础、地基、门框等	113°53'45.4" 22°56'19.7"
黄江	鸡啼岗黄氏宗祠	明代	东莞市黄江镇鸡啼岗村太平围与顶头围交界处	门框、墙裙、匾额、柱子、柱础	114°00'30.4" 22°54'30.2"
	鸡啼岗黄氏家祠	明崇祯年间	东莞市黄江镇鸡啼岗村82号左侧	门框、墙裙、匾额、柱子、柱础	114°00'32.0" 22°54'29.3"
	旧村任氏宗祠	清代	东莞市黄江镇旧村	柱础、地基、门框	113°58'05.8" 22°49'59.5"
	敏斋公祠	清代	东莞市黄江镇龙见田村北部	石雕、柱础、地基、门框	113°58'52.6" 22°50'13.9"
樟木头	官仓蔡氏宗祠	1775年	东莞市樟木头镇官仓社区门坪1号	地面、地基、门墩	114°05'48.2" 22°55'14.4"
	维金蔡公祠	民国	东莞市樟木头镇金河社区竹排村二巷24号右侧	柱子、地基、墊台	114°07'53.7" 22°55'53.3"
	石新邱氏宗祠	待定	东莞市樟木头镇石新社区镇光头52号左侧	柱础、地基	22°54'24.4" 114°05'02.5"
清溪	大利曾氏宗祠	清光绪元年(1875年)	东莞市清溪镇大利村风吹簾老围58号左侧	墙裙	114°10'38.0" 22°49'23.1"
	显谟刘公祠	1932年	东莞市清溪镇三星村刘屋围3区63号出租屋左边	门框、墙裙、柱子、柱础	114°09'30.4" 22°49'04.7"
	绍雍徐宗祠	清光绪二十一年(1895年)	东莞市清溪镇厦坭村委会江背村小组	门框、墙裙、地面	114°08'34.8" 22°48'44.5"
	西村张氏宗祠	清光绪33年(1907年)	东莞市清溪镇松岗村西村小组47号后	台阶、墙裙、地面	114°09'16.1" 22°51'38.7"

续表

镇街	名称	年代	所在地	构件	GPS
清溪	厦坭傅氏宗祠	1920年	东莞市清溪镇厦坭村旗岭吓傅氏宗祠出租屋厦坭1区87号东侧	墙裙	114°09'06.5" 22°49'08.6"
塘厦	耀初祖祠	清咸丰八年（1858年）	东莞市塘厦镇平山社区平山旧围16号	柱础、塾台	114°05'01.5" 22°45'54.7"
	诸佛岭刘氏宗祠	1915年	东莞市塘厦镇诸佛岭社区旧围	柱础、地基、门框	22°47'52.0" 114°05'02.7"
	爱保黄公祠	清代	东莞市塘厦镇石鼓社区田厦村73号	柱础、地基、塾台、门框	114°05'28.9" 22°46'00.1"
	西莆围刘氏家祠	待定	东莞市塘厦镇四村社区西布围村15号西30米处	柱础、地基、塾台、门框	114°04'14.7" 22°48'06.6"
	鲁斋公祠	待定	东莞市塘厦镇林村社区西方155号旁	柱础、地基、门框等	114°05'18.8" 22°50'26.6"
	泮池罗公祠	清光绪二十四年（1898年）	东莞市塘厦镇莆心湖社区岭贝塘村老围	柱础、地基、墙裙	114°04'40.8" 22°47'50.4"
凤岗	朝秀张公祠	清代	东莞市凤岗镇油甘埔村油甘埔门坪	地基、墙裙	114°09'52.5" 22°43'38.5"
	黄洞洪氏宗祠	清代	东莞市凤岗镇黄洞村洪屋围小组	柱础、地基、墙裙	114°09'19.2" 22°45'03.5"
	纂香书室	清代	东莞市凤岗镇凤德岭村上杧小组	地基、墙裙	114°09'41.3" 22°44'05.3"
	浸校塘刘氏公祠	清代	东莞市凤岗镇竹塘村浸校塘小组	地基、墙裙	114°07'39.9" 22°46'01.7"
谢岗	星楼公祠	待定	东莞市谢岗镇黎村横巷25号东北侧	门框、墙裙	114°12'04.3" 22°59'07.5"
	宗智公祠	嘉庆十二年（1807年）	东莞市谢岗镇谢岗村高屋小组8号左侧	柱子、柱础、门框、墙裙、塾台	114°08'08.9" 22°58'29.8"
	胜满罗公祠	待定	东莞市谢岗镇黎村高屋44号左前方	门墩、墙裙	114°12'05.5" 22°59'14.5"
	赵洪郁公祠	清代	东莞市谢岗镇赵林村五村小组49号左侧	柱子、柱础、门框、墙裙、塾台	114°06'55.1" 22°58'51.6"
	淡轩罗公祠	待定	东莞市谢岗镇黎村南门37号左侧	地面、门框、墙裙等	114°12'04.4" 22°59'08.6"
常平	桥梓周氏宗祠	明末清初	东莞市常平镇桥梓村文明里1号右侧	匾额、墙裙、门框、门枕石	113°58'10.8" 22°58'45.3"
	秀祉公祠	清光绪二十八年（1902年）	东莞市常平镇桥梓村二区196号旁	匾额、墙裙、门框、门枕石	113°58'07.6" 22°58'43.2"
	振邦公祠	1921年	东莞市常平镇塘角村一区113号旁	匾额、墙裙、门框、门枕石	113°58'04.3" 22°58'17.4"
	桥沥利氏宗祠	清乾隆四十六年（1781年）	东莞市常平镇桥沥村南门围面前	匾额、墙裙、门框	114°00'20.4" 22°56'27.1"
	林谷公祠	清光绪十二年（1886年）	东莞市常平镇横江厦村三队12号前	匾额、墙裙、门框	114°01'02.8" 22°59'12.0"
	文宪公祠	清光绪十一年（1885年）	东莞市常平镇横江厦村林谷公祠右侧	柱子、柱础、门框、墙裙	114°01'02.6" 22°59'11.9"
	还珠沥叶氏宗祠	清同治十一年（1872年）	东莞市常平镇还珠沥村二队22号旁	柱础、门框、墙裙	113°59'11.3" 22°57'17.3"

续表

镇街	名称	年代	所在地	构件	GPS
常平	朗贝陈氏宗祠	清代	东莞市常平镇朗贝村东门村小组北门旁	柱础、门框、墙裙	113°59'39.8" 22°57'57.6"
	白石岗殷氏宗祠	明代	东莞市常平镇白石岗村殷屋一队13号前	柱子、柱础、门框、墙裙	114°00'37.9" 23°00'29.0"
桥头	朗厦李氏大宗祠	清代	东莞市桥头镇朗厦村中心巷8号旁	柱子、柱础、门框、墙裙	114°05'07.1" 23°02'25.3"
	李屋李氏宗祠	清代	东莞市桥头镇李屋村东门住宅区363号	柱础	114°05'28.5" 23°01'37.2"
	东江邓氏宗祠	清代	东莞市桥头镇东江村东江大围东北	柱子、柱础、门框、墙裙	114°07'15.7" 23°02'47.9"
	薰莱亭	清代	东莞市桥头镇迳联村迳背围蒲瓜岭东	柱子、柱础、墙裙	114°05'25.1" 23°00'43.8"
	进士府第	清代	东莞市桥头镇迳联村旧路大围内	门框、墙裙	114°05'26.5" 23°00'44.6"
	迳联罗氏宗祠	清代	东莞市桥头镇迳联村大围南宫里旁	柱子、柱础、门框、墙裙、门匾	114°05'19.4" 23°00'45.5"
	茂贤居	1928年	东莞市桥头镇迳联村大围罗氏宗祠斜对面（池塘旁，麻石路边）	门框、墙裙	114°05'19.9" 23°00'43.0"
	文定陈公祠	宋末	东莞市桥头镇田头角村桥口路33号	柱子、柱础、门框、墙裙	114°02'22.8" 23°00'23.0"
	石水口莫氏宗祠	明代	东莞市桥头镇石水口村旧村	柱子、柱础、门框、墙裙	114°04'15.9" 23°00'12.9"
	道方莫公祠	清代	东莞市桥头镇大洲村麻石巷31号	柱子、柱础、墙裙	114°02'32.2" 23°00'38.0"
横沥	张松大屋	清末	东莞市横沥镇张坑村旧围	门框、墙裙等	113°56'52.4" 23°02'02.2"
	兰田别墅	清同治八年（1869年）	东莞市横沥镇田头村泰岗圩89号	门框、水井、井圈	113°57'42.1" 23°00'35.5"
	汝光家塾	清代	东莞市横沥镇田头村192号右侧	柱子、柱础、门框、墙裙	113°57'42.1" 23°00'35.5"
	汝魁公祠	清末	东莞市横沥镇田头村200号右侧约10米	柱子、门框、墙裙	113°58'12.5" 23°00'24.9"
	琚元公祠	清乾隆十二年（1747年）	东莞市横沥镇横沥村上村13号右侧	柱础、门框、墙裙	113°57'49.2" 23°01'27.5"
	达周刘公祠	清末民初	东莞市横沥镇石涌村东门74号左侧	柱础、门框、墙裙	113°56'29.8" 23°01'23.0"
	介英公祠	清乾隆年间	东莞市横沥镇山厦村111号右侧	柱础、门框、墙裙	113°56'53.4" 23°02'23.0"
	广通公祠	清乾隆年间	东莞市横沥镇山厦村63号对面	柱础、门框、墙裙	113°56'48.0" 23°02'18.4"
	半仙山朱氏宗祠	明代	东莞市横沥镇半仙山村大围	柱础、门框、墙裙	113°57'20.9" 23°01'21.5"
	叶祯公祠	清代	东莞市横沥镇半仙山村大围	柱础、门框、墙裙	113°57'23.3" 23°01'21.7"
	子瑯公祠	清代	东莞市横沥镇半仙山村大围	柱础、门框、墙裙等	113°57'22.3" 23°01'21.9"
	景林公祠	清代	东莞市横沥镇半仙山村大围	柱础、门框、墙裙	113°57'21.7" 23°01'21.8"

续表

镇街	名称	年代	所在地	构件	GPS
横沥	西山公祠	清代	东莞市横沥镇半仙山村大围	柱础、门框、墙裙	113°57'21.8" 23°01'21.5"
	景辉公祠	清代	东莞市横沥镇半仙山村大围	柱础、门框、墙裙、门匾	113°57'22.3" 23°01'21.8"
东坑	彭屋彭氏大宗祠	明嘉靖二十五年（1546年）	东莞市东坑镇彭屋村大围18号旁	柱子、柱础、门框、墙裙等	113°55'44.6" 23°00'40.8"
	得月公祠	明嘉靖年间（1546年）	东莞市东坑镇彭屋村大围48号旁	地面、墙裙、柱础	113°55'41.8" 23°00'44.1"
	丁屋丁氏祠堂	明景泰年间	东莞市东坑镇丁屋村旧村东门一巷52号	门框、墙裙、柱础地面	113°55'52.6" 23°00'38.2"
	丁濂墓华表	明永乐年间	东莞市东坑镇丁屋村神山西南	华表	113°56'03.7" 23°01'06.9"
	菊侣黄公祠	明崇祯年间	东莞市东坑镇黄屋村大围12号旁	门框、墙裙、柱础	113°55'55.8" 23°00'32.7"
	勷德谢公祠	清光绪年间	东莞市东坑镇新门楼村仁和里巷2号	门框、墙裙、柱础	113°56'33.9" 22°59'44.3"
	塔岗李氏宗祠	南宋末年	东莞市东坑镇塔岗村西门299号旁	门框、墙裙、柱础、塾台	113°56'59.9" 22°59'51.3"
	雨田家塾	明代	东莞市东坑镇塔岗村东门297号	门框、墙裙、柱础	113°57'03.3" 22°59'47.7"
	坑美李氏宗祠	清光绪三年（1877年）	东莞市东坑镇坑美村围面前105号	门框、墙裙、柱础	113°57'14.8" 22°59'55.7"
	协昌黄公祠	清乾隆五十一年（1786年）	东莞市东坑镇凤大村凤鸣岗353号	门框、墙裙、柱础	113°56'14.2" 23°00'16.2"
	济堂公祠	清代	东莞市东坑镇长安塘村围面前189号	门框、墙裙、柱础	113°56'50.2" 22°58'46.3"
企石	莫屋莫氏宗祠	明代	东莞市企石镇莫屋村三队5号左侧	墙裙、柱础、地面、塾台	114°00'11.6" 23°04'27.4"
	江边黄氏宗祠	明代	东莞市企石镇江边村隔塘和大围交界处	门框、墙裙、柱础	114°02'12.7" 23°04'33.4"
	冠堂公祠	清同治年间	东莞市企石镇江边村隔塘队48号旁	门框、柱子、墙裙、匾额	114°02'19.1" 23°04'33.3"
	一江公祠	清康熙年间	东莞市企石镇江边村东边，江边围一队22号左侧	门框、墙裙、匾额	114°02'11.2" 23°04'29.1"
	隐斋公祠	明万历年间	东莞市企石镇江边村东边，一江公祠左边	门框、墙裙、匾额、柱础	114°02'11.2" 23°04'28.9"
	经国公祠	清同治六年（1867年）	东莞市企石镇江边村东边，泝川公祠右侧	门框、墙裙、匾额、柱础	114°02'09.9" 23°04'28.4"
	泝川公祠	清道光十七年（1837年）	东莞市企石镇江边村东边，经国公祠左侧，村委会旁	门框、墙裙、匾额等	114°02'10.3" 23°04'28.0"
	乐沼公祠	明万历年间	东莞市企石镇江边村村委会后	门框、墙裙	114°02'09.6" 23°04'27.2"
	司马第	清同治年间	东莞市企石镇江边村正南门一队29号旁	门框、墙裙、石雕	114°02'10.9" 23°04'23.9"
	怡云姚公祠	明崇祯十二年（1639年）	东莞市企石镇深巷村一队3号旁，深巷村委会左侧	柱础、塾台	114°04'46.3" 23°04'48.4"

续表

镇街	名称	年代	所在地	构件	GPS
企石	湖美徐氏宗祠	清同治十三年(1874年)	东莞市企石镇湖美村一队35号右侧	柱础、墊台等	114° 04'22.1" 23° 04'51.4"
石排	石排曾氏宗祠	明代	东莞市石排镇石排村下曾村民小组围面前	柱础、墊台等	113° 57'04.0" 23° 05'09.1"
	水贝邓氏宗祠	清代	东莞市石排镇水贝村邓屋村民小组	柱础、墊台、门框等	113° 56'35.7" 23° 05'40.7"
	横山康王庙	清代	东莞市石排镇横山村上宝潭村小组	柱子、柱础、边廊等	113° 55'11.3" 23° 05'54.5"
	谷吓文阁	清代	东莞市石排镇谷吓村太和东路大晟厂旁	基础、门框等	113° 56'04.2" 23° 04'56.7"
	田边磐岭门楼	明代	东莞市石排镇田边村磐岭村小组围前	基础、门框	113° 54'52.8" 23° 05'32.3"
	福隆文阁	明清	东莞市石排镇福隆村文化广场内	塔首层及各层匾额	113° 57'56.4" 23° 04'44.3"
	宽厚家塾	待定	东莞市石排镇福隆村刘屋村小组围面前	柱础、地基、门框	113° 58'44.0" 23° 04'17.1"
	张世邓公祠	清代	东莞市石排镇福隆村福隆里巷左侧	柱础、地基、墊台、门框	113° 57'51.5" 23° 04'56.0"
	沧柱家塾	待定	东莞市石排镇福隆村由义里六巷1号	柱础、地基、门框等	113° 57'57.7" 23° 04'57.8"
	埔心古塔	清乾隆四十四年(1779年)	东莞市石排镇埔心村上汴村小组围前	门匾、基础、门框	113° 55'35.0" 23° 05'25.8"
	福隆里巷	清－民国	东莞市石排镇福隆村大围	柱础、地基、墊台门框	113° 57'51.5" 23° 04'54.5"
	中坑王氏大宗祠	明代	东莞市石排镇中坑村	柱础、地基、门框	113° 54'32.2" 23° 05'23.3"
	燕窝洪圣宫	清代	东莞市石排镇燕窝村旧围	柱础、地基、门框	113° 53'28.6" 23° 05'48.9"
	维胜王公祠	待定	东莞市石排镇燕窝村西边村小组旧围前	柱础、地基、墊台门框	113° 53'26.5" 23° 05'52.6"
	李家坊门楼	待定	东莞市石排镇李家坊村旧围内	门匾、基础	113° 55'27.2" 23° 05'27.0"
	塘尾古建筑群	明清	东莞市石排镇塘尾村旧围内	柱础、地基、墊台门框等	113° 55'11.5" 23° 05'03.9"
	埔心碉楼	明代	东莞市石排镇埔心村	地基	113° 55'30.3" 23° 05'13.8"
	埔心王氏宗祠	明代	东莞市石排镇埔心村	柱础、墊台等	113° 55'34.2" 23° 05'15.3"
	云岗社学	待定	东莞市石排镇埔心村树吓村民小组云岗古寺内	柱础等	113° 55'23.0" 23° 05'01.6"
	埔心洪圣宫	待定	东莞市石排镇埔心村树吓自然村内	门墩、柱础等	113° 55'23.7" 23° 05'01.7"
	埔心王氏大宗祠	待定	东莞市石排镇埔心村	柱础、墙裙旗杆石等	113° 55'36.4" 23° 05'11.0"
	燕岭古采石场遗址	明－清	东莞市石排镇田边村和燕窝村交接处及燕窝村大围自然村西南	矿冶遗址	113° 54'07.3" 23° 06'13.1"

续表

镇街	名称	年代	所在地	构件	GPS
石排	旨旌表牌坊	清乾隆五十八年（1793年）	东莞市石排镇中坑村西坊旧围三巷8号右侧	门匾、基础、门框为红砂岩砌筑	113° 54'24.2" 23° 05'24.9"
	燕岭摩崖石刻	清光绪十六年（1890年）	广东省东莞市燕窝村大围自然村西南	现为广东省文物保护单位	113° 53'30.2" 23° 05'40.4"
	埔心洪圣宫石刻	明万历三十三年（1605年）	东莞市石排镇埔心村洪圣宫内	石刻碑铭	113° 55'23.7" 23° 05'01.7"
茶山	塘边刘氏宗祠	明－清	东莞市茶山镇增埗村塘边一队51号前	柱础、地基、门框等	113° 50'51.2" 23° 03'15.6"
	沙墩刘氏宗祠	明－清	东莞市茶山镇增埗村沙墩六队11号前	柱础、地基、墊台	113° 50'54.9" 23° 03'23.9"
	下朗袁氏大宗祠	明代	东莞市茶山镇下朗村劳动服务站右侧	柱础、地基、墊台	113° 51'48.9" 23° 04'11.2"
	超朗麦氏宗祠	元仁宗延佑三年（1316年）	东莞市茶山镇超朗村麦屋旧围围面前	柱础、地基等	113° 54'45.7" 23° 03'55.0"
	仪一麦公祠	清光绪年间	东莞市茶山镇超朗村麦屋旧围	柱础、地基、门框等	113° 54'46.0" 23° 03'55.8"
	超朗钟氏宗祠	清代	东莞市茶山镇超朗村上围围面前	柱础、地基等	113° 54'46.0" 23° 03'18.2"
	茶山圩林氏宗祠	元代	东莞市茶山镇茶山圩环城路64号	柱础、地基等	113° 51'59.6" 23° 03'53.5"
	茶山圩东岳庙	明代	东莞市茶山镇茶山圩东岳路东岳公园内	山门、柱子、柱础、墙裙、栏杆、栏板	113° 52'19.3" 23° 04'26.5"
	南社古建筑群	明清	东莞市茶山镇南社村	柱础、地基、墊台、门框等	113° 53'53.0" 23° 04'08.0"
	百拙公祠	明代	东莞市茶山镇茶山村一村18号前方10米处	柱础、地基等	113° 52'12.8" 23° 04'05.7"
	寒溪水罗氏宗祠	明代	东莞市茶山镇寒溪水村21号南侧	柱子、地基、门框等	113° 52'19.6" 23° 02'46.2"

三 东莞红砂岩文化遗存的种类

东莞红砂岩文化遗存的种类可分为古墓葬、采石场遗址、石刻（摩崖石刻、神道石刻、碑铭及牌坊、雕像）、古建筑及桥梁的承重材料、建筑构件、装饰材料等，下面将一一举例介绍。

3.1 古墓葬

现有的考古发掘资料显示，东莞最早使用红砂岩做墓葬石材的是在北宋时期。1972年6月，在白泥坑山上发掘的北宋砖室墓，其承垫葬具的条石为红砂岩石材。2001年11月发掘的东莞桑园宋墓群均为砖室墓，以砖起券，墓顶用红砂岩建墓上结构。用红砂岩做墓葬石材最为典型的是在明代。以寮步上屯钟松雪家族墓为例，除少量的灰砂、青砖外，其墓室石材大多数为红砂岩。

钟松雪（1433～1505年），东莞寮步镇横坑村人，因子贵于弘治十年（1497年）封征仕郎刑科给事中。其子钟渤（1457～1528年），字元溥，号东冈，弘治六年（1493年）进士，官至云南布政使司左参政。2003年2月28日至3月2日，广东省文物考古研究所会同东莞市博物馆对钟松雪家族墓进行了抢救性发掘，共清理出四座墓葬，有单室墓、双室墓和四室墓。四室墓中除其中有一室墓为灰砂、红砂岩条石和少量青砖混合构筑外，其他三室为灰砂和红砂岩条石合筑。有的墓室前后壁各有红砂岩大石板镶砌，规格为长1.16、宽1.04、厚0.32米；有的墓室上铺盖外缘雕刻有菊瓣纹滴水瓦当建筑图案的红砂岩条石，规格为长3.35、宽0.8～0.92、厚0.32米，图案纹饰清晰，雕刻精美，在东莞现发掘的古墓中难得一见。出土的红砂岩构件现存于金鳌洲塔管理所。

钟松雪家族墓红砂岩条石

钟松雪家族墓红砂岩滴水瓦当图案盖板

3.2　采石场遗址

东莞现存规模巨大、保留最完整的采石场遗址为石排燕岭古采石场遗址。燕岭古采石场遗址是明、清时期开采红砂岩作建筑材料的采石遗址，在石排镇境内东江南岸丘陵延绵1.475公里的山体上均有人工开采痕迹，以“十八房间”、“补天石”为主要生产遗存，面积达25000平方米。

3.2.1　“十八房间”

位于石排镇田边村和燕窝村交界处，是向山岗纵深凿石形成的长方形石窟，类似建筑的房间，共有三层十八间，故名。石窟大者数十平方米，小者20平方米左右，高度达20～30米。虽年代久远，但石壁上一道道水平的钎石条痕仍清晰可见，条痕间隔为20～30厘米，可见古采石场的产品是条块石。现石壁多成直角陡立，部分已成残垣断壁，附近还有采石遗存的石柱，柱上长满灌木草本，丹崖叠翠，十八房间石窟和石柱之下有水淹没，构成奇妙的岩湖奇观，美不胜收。

燕岭古采石场“十八房间”

燕岭古采石场“十八房间”石柱

3.2.2 “补天石”

位于“十八房间”附近，是燕岭古采石场遗址的擎天石柱。石柱比高约30米，倾角为30°，间含有少量小砾石。因胶结好，石柱上粗下细，成超90°陡立于石窟水面之上，水体可与“十八房间”相通。村民据女娲补天的传说，将该石命名为“补天石”。“补天石”左边又有石壁和石柱，石柱之间由石壁和石桥连通，构成一幅“石柱”、“石墙”、“石桥”、“石窗”的美妙图景，似是石匠们模仿天然的丹霞地貌而作。

燕岭古采石场“补天石”

燕岭古采石场“补天石”

3.3 石刻

3.3.1 摩崖石刻

据东莞市第三次全国文物普查数据显示，目前东莞发现的红砂岩摩崖石刻有2处：燕岭摩崖石刻和海月岩。

(1) 燕岭摩崖石刻

位于石排镇燕窝大围村西南部，是在古采石场采石遗留的石壁上勒刻赞颂燕窝人工丹霞风光的题词和诗文。据《石排镇志》载：清末年间，邻近的石龙镇有个叫孙奭的富

燕岭摩崖石刻

商，因钟情于燕岭的旖旎风光，不仅在燕岭结庐而居，而且还在一处采石遗留下的数丈高的峭壁上勒了“咸钦燕岭”四个行书大字，字皆超过2平方米，“咸”字高2.10米，宽1.20米；“钦”字高1.80米，宽1.50米；“燕”字高2.05米，宽1.35米；“岭”字高2.05米，宽1.20米。在“咸钦燕岭”四个大字旁附其诗一首48字，每字大约0.09平方米。其文如下：“文卿大雅，心广体胖。结庐燕岭，万物静观。鱼池逐荔，花鸟啼红。千林明月，叠嶂清风。与人同兴，佳景时逢。高山仰止，书赠铭峰，咸钦燕岭。大清光绪岁次庚寅闰二月谷旦子昌孙奭敬题并书。”燕岭的万千风光，尽在笔端。摩崖石刻为阴刻行书，笔势雄健奔放，潇洒飘逸，有较高的观赏价值。

(2) 海月岩

位于厚街镇涌口村金牛山。该山是座高三百多米、面积近两万平方米的红砂岩山岗，造型奇特。传说宋时有名兀坐的禅师云游至金牛山前，即为此地绝美风光留步：海风徐徐吹来，海面波光粼粼，站在山岩上，如被大海环抱，被海风安抚；夜间，月亮在海边升起，如一团银光，有“海上生明月”的唐诗意境，便将金牛山一角称为海月岩，并在此建庙长居。宋绍兴二年（1132年），张勋来莞任知县，在岩上建亭，并题“海月岩”匾挂于岩洞上（此匾未存），自此金牛山正式名为“海月岩”。宋末元初，宋宗室赵东山流落东莞，隐居海月岩洞中，手书“海月岩”三字刻于洞口，并以“海月岩”为题书写两首七律刻于洞旁石壁，抒发其忧思故朝、志不能酬的情怀，其中一首为：“踏尽崔嵬倚石门，海月山风满岩峦。自然仙室依蓬岛，不觉人寰变广寒。”“海月岩”三字为草书，每字直径0.3米，字大近1平方米，一笔书成，颇具气势。

海月岩

3.3.2 神道石刻

神道石刻是立于古代帝王、官僚陵墓前神道两旁、代表墓主封建等级地位、威仪的石柱（华表）、石狮、石虎，石羊、石马、石人以及神话传说中的神兽天禄、辟邪等石刻群，这些石刻往往成对地布置在神道的左右两旁。在东莞，这类红砂岩文化遗存较为少见。从田野调查的结果看，有以下几种：

(1) 罗亨信神道碑座石刻赑屃

罗亨信（1377～1457年），字用实，东莞篁村（今南城）人。永乐二年（1404年）进士，官至都察院左副都御史。卒于明天顺元年（1457年），由朝廷赐葬。罗亨信墓前的神道碑立于明天顺三年（1459年），其碑座是用红砂岩雕刻成赑屃形状。赑屃，即蠵龟，传说中的龙生九子之一，其形似龟，擅长负重。古代碑下的石座，习惯相沿雕作赑屃形状，是取其力大能负重之意。明朝杨慎《升庵外集》就说："龙生九子，不成龙，各有所好，一曰赑屃，形似龟，好负重，今石碑下龟趺是也。" 罗亨信神道碑座为红砂岩石雕赑屃，头尾长1.74米，两侧宽0.92米。现存于金鳌洲塔管理所。

(2) 钟松雪家族墓神道石刻

该家族墓曾有神道，墓道两侧有红砂岩石人、石羊、石麒麟和石华表各一对，但墓葬发掘时仅有一支华表仍屹立于墓前，其他石刻雕像破坏严重。华表为红砂岩材质，高

罗亨信神道碑座石刻赑屃

约7米，呈八边形，下粗上细，柱底直径约0.65米，柱头直径约0.5米。华表柱头以阴刻云纹装饰，古朴精美。一对石马头尾长1.6米，两侧宽0.55米，高1.38米。马呈跪卧姿式，圆雕工艺，线条流畅柔和，神态安祥。石麒麟破损严重，其形制已难辨认。以上石刻现存于金鳌洲塔管理所。

钟松雪家族墓华表柱头

钟松雪家族墓华表

钟松雪家族墓石刻马

钟松雪家族墓石刻麒麟

(3) 无名墓镇墓将军

2001年，在东莞篁村（今南城）胜和后山上发现一无名墓葬，墓主人不详。一对镇墓将军，人高2米，两侧宽0.8米，前后宽0.39米，座长1.2米，宽0.98米。由整块红砂岩雕成，造型生动，气宇轩昂，雕工精细。现存于金鳌洲塔管理所。

3.3.3 碑铭、牌坊

(1) 洪圣宫碑

2009年12月30日，石排镇埔心村在维修洪圣宫施工过程中，发现一块埋藏于地下的明代碑铭石刻。该石刻由整块红砂岩雕刻而成，残余长118厘米，高64厘米，厚20厘米。石刻上

无名墓镇墓将军

方有八仙过海的浮雕（长83厘米，高20厘米），左边为半圆的蜗形浮雕纹饰，右边残缺，中间刻有一段楷书铭文（长34.5厘米，高20厘米），铭文两边各浮雕一只形态生动的狮子（长27厘米，高20厘米），下方为一个变形的福字装饰。

洪圣宫碑

洪圣宫碑铭

(2) 旨旌表牌坊

位于石排镇中坑村西坊旧围三巷8号右侧，清乾隆五十八年（1793年）立。牌坊以红砂岩为门柱，青砖筑成，三层青砖叠涩成坊檐，上覆红瓦。坊上有两块红砂岩匾额，一块为立额，铭文为“旨旌表”，周边饰以镂空花纹，额上文字在文革中被毁，但字迹尚在；另一块为横额，字迹清晰，铭文为：“钦命广东巡抚部院郭 承宣布政使司许 为 节孝流芳 钦旌节妇王若恒妻萧氏 文 文祖 立 乾隆五十八年癸丑榖旦敬 。”

石排中坑旨旌表牌坊

3.3.4　雕像

在东莞，一些祠堂、庙宇、民居前常用红砂岩雕刻石狮、石狗等作镇门石雕，也有用红砂岩雕刻天官、门神、土地公、三圣公等宗教人物做信仰崇拜的对象。下图所示上清观镇门兽石刻狻猊现存于金鳌洲塔管理所。石狗、石人存于石排镇。

上清观镇门兽石刻狻猊

石狗组照

石人像

3.4　古建筑

从东莞第三次全国文物普查资料看，东莞现存的明清古建筑大多为祠堂，也有少数民居、庙宇、古塔、古亭和桥梁。在这些古建筑中，以红砂岩做承重材料、建筑构件、装饰材料是一种普遍现象。大部分的祠堂、民居及庙宇，在红砂岩结砌的墙基上，以东莞青砖（俗称东莞大青）砌筑成房屋，也有用传统的“三合土”（即蚬灰、红泥、糯米与糖的混合物）夯筑成屋，门前以红砂岩砌台基。至今，在可园、明清古村落南社和塘尾以及众多祠堂内，随处可见用红砂岩建造成的墙围、巷道、塾台、地面、墙裙、柱、门楣、门额、雀替等。在一些古塔（主要是文阁）上，常用红砂岩做塔基和门框、门楣。而在古亭、古桥和古城楼中也有用红砂岩做台阶、柱子和桥面的现象。

3.4.1　迎恩门城楼

又名西城楼，位于莞城西正路，明洪武十七年（1384年）由南海卫指挥常懿始建，明、清两代均有重修和扩建。原有以红砂岩砌边中间填土的城墙与道家山、钵盂山、和阳（东）门、崇德（南）门、镇海（北）门三座城门楼相连，现仅存迎恩门城楼。首层红砂岩石基座是明洪武十七年（1384年）建筑。二层城楼建筑为1959年重修。1982年被公布为东莞市文物保护单位。

迎恩门城楼

3.4.2 苏氏宗祠

位于广东省东莞市南城区胜和社区蚝岗村大围，是蚝岗村苏姓祖祠。始建于明嘉靖二十年（1541年），明崇祯十三年（1640年）、清光绪三年（1877年）和2004年重修。2008年公布为广东省文物保护单位。中轴线对称三路建筑布局，中路与左右次路之间以长巷相隔，中路主体建筑为五开间三进布局，后堂设读书室和“典籍楼”。整体结构布局保存较好，墙裙、塾台、天井、柱及柱础等保留了原来的红砂岩建筑构件，但红砂岩构件出现较为严重的酥粉、断裂、剥落及生物病变等现象。

苏氏宗祠全貌

二进天井一角

中堂左围栏

后堂台阶

3.4.3　彭氏大宗祠

位于东坑镇彭屋村，嘉靖（1522～1566年）年间由官至陕西道监察御史的彭世潮及举人彭礼合力筹款建成，民国十三年（1924年）、1982年重修，2004年1月公布为东莞市文物保护单位。为该村彭氏族人的合族大宗祠。五开间三进院落式布局，占地面积约600平方米。硬山顶，抬梁与穿斗混合结构，红砂岩墙裙、柱，祠前庭院用红砂岩作围栏，栏板雕刻精美。

彭氏大宗祠

头门前右围栏

第三进抱厦

3.4.4　王氏大宗祠

位于石排镇中坑村，又名“明德堂”。从现存建筑的布局、结构、构件式样和法式特征综合考查推断，应始建于明代中晚期。2004年公布为东莞市文物保护单位。为该村王氏族人的合族大宗祠。宗祠坐东北朝西南，为五开间四进院落式布局，面积1867.9平方米。硬山顶，台梁与穿斗混合结构。首进“王氏大宗祠”匾额，为明代书画家、万历进士张瑞图所题，今匾额犹存。整体结构布局保存较好，墙裙、柱及柱础、内庭通道等均为红砂岩。

王氏大宗祠二进

内庭

3.4.5　康王庙

位于石排镇横山村，又名灵应祠，是乡村的道教建筑。始建年代不详，清雍正年间、道光八年（1828年）和光绪十四年（1888年）重修，2002年被公布为广东省文物保护单位。原为祭祀玄天大帝北帝的庙宇，后摆放康王神像，始称康王庙。庙为三开间三进院落式布局，面积约429平方米。硬山顶，抬梁与穿斗混合结构，整体结构布局保存较好，墙裙、内庭通道、柱及柱础、栏板均为红砂岩。

康王庙

内庭

石雕

3.4.6　文光庙

位于大朗镇松柏朗村。始建于明崇祯七年（1634年），清康熙三十三年（1694年）、嘉庆十九年（1814年）及民国三十五年（1945年）重修，2004年被公布为东莞市文物保护单位。三开间二进院落式布局，硬山顶，抬梁与穿斗混合结构，庙前有平台。步级、院落地面、明间门框及门额、左右两次间门额均为红砂岩。

文光庙

3.4.7　度香亭

位于南城区恬甲村。坐北向南，平面呈正方形，各面边长5.05米，亭台前置七级红砂岩踏跺，宽1.4米，高0.93米，台高1.08米，四壁以红砂岩砌筑，红砂岩四柱之间，铺砌三条花岗岩石长凳。

度香亭

3.4.8 塘尾明清古建筑群

位于石排镇塘尾村。宋代已立村，村落坐北朝南，占地面积39565平方米。以村口水塘为中心空间，村落依自然山势而建，巷道“七纵四横”组成井字形网状布局。现存明清古民居268座，祠堂21座，书室19间，古井15眼，围门4座，炮楼28座。民居与书室、祠堂与书室相结合是塘尾村古建筑的一大特点，是东莞乃至广东省保存最为完好的明清古村落之一，2006年公布为全国重点文物保护单位。在古村落里，随处可以见到用燕岭古石场的红砂岩砌成巷道、墙裙、墊台、地面、柱、门框、门额、雀替等，古建筑群格局保存完整，具有较高的历史、科学和艺术价值。

古围墙、围门：始建于明，历代有维修。围墙绕古村落成封闭一周，周长860.8米，高5米，宽0.35米，红砂岩墙裙，青砖墙体。在围墙东南、西南、西北、东北角开有四个围门，村民分别称之为东门、南门、西门和北门。以东门规模最大，宽4.24米，长5.38米，高9.30米，为两层镬耳山墙建筑，红砂岩墙裙、台阶、地面、门框和门额、窗框，青砖墙体，围门之上镶“秀挹东南”红砂岩匾额。

古巷道：塘尾古巷道成井字形网状布局，主要巷道有南北走向的直巷7条，东西走向的横巷4条。巷道由红石条石铺就而成，宽2米左右，巷道下面有完整的排水渠。至清末光绪年间，富绅李植忠改建部分红砂岩巷为花岗岩麻石巷。

古井：塘尾明清古建筑群现有古井10眼，分布在各巷道旁公共使用或民居、家祠天井内私家使用。井壁用青砖砌筑，井沿则用整块红石挖空而成，一般直径 0.87米，高 0.4米。

民居、祠堂及书室：塘尾明清古建筑群现有民居268座、祠堂21座，书室19间，具有代表性的有李氏宗祠、景通公祠、梅庵公祠、琴乐公祠、守善堂、宝卿家塾、七房厅与墩睦堂等。这些民居、祠堂及书室的墙裙、台阶、地面、门框和门额、窗框均为红砂岩砌筑。

塘尾明清古建筑群东门楼

民居

李氏大宗祠

古巷道

排水渠

水井

石雕

建筑构件

3.4.9 南社明清古建筑群

位于茶山镇南社村。南宋末年立村，现存祠堂25座，民居250多座，面积11万多平方米，重要建筑有古寨墙、谢氏大宗祠、百岁翁祠、百岁坊、谢遇奇家庙、资政第、关帝庙和典型民居等明清建筑。2006年公布为全国重点文物保护单位。村落原形态保存较好，由民居、祠堂、书院、店铺、家庙、古榕、楼阁、寨墙、古井、里巷等构成具有浓郁珠江三角洲特色的农业聚落文化景观。在古村落里，随处可见用燕岭古采石场的红砂岩砌成巷道、墙裙、塾台、地面、柱、门框、门额、雀替等，具有较高的历史、科学和艺术价值。

百岁翁祠

谢氏大宗祠

民居

谢遇奇家庙红砂岩石雕

3.4.10　大汾古桥

位于万江区大汾村，是三座以红砂岩为主要石材砌筑的石质单孔拱券桥，包括种德桥、青云桥和连步桥。为适应水乡潮汐落差大，既方便行人，也可通过舟船，三桥均桥拱较高，造型精巧别致。1993年6月22日被公布为东莞市文物保护单位。

种德桥在大汾村中心位置，由明嘉靖年间邑人何立阳建造，清康熙年间何启亨重修，为红砂岩圆拱桥。全桥长13米，宽4.1米，高3.1米，孔跨4.1米，孔高2.3米。桥身两侧正中分别镶有红砂岩和花岗岩麻石刻的“种德桥”桥额。

连步桥亦由何应阳建造，为红砂岩砌筑的单孔圆拱桥，长15.7米，宽3.6米，高4.8米，孔高4.5米，孔跨5.5米。桥拱较其他二桥较为尖高，镶“连步桥”桥额。

种德桥

连步桥

青云桥于明万历年间由乡人何景瞻等筹建，清同治二年（1863年）重修。为红砂岩和花岗岩砌筑的圆拱桥，长17米，宽4.1米，高3.4米，孔高2.3米，孔跨4.8米。桥拱、桥身砌红砂岩，半圆形券式桥拱，桥身平砌红砂岩。花岗岩麻石桥面、栏板和望柱。桥身两侧镶红砂岩“青云桥”桥额，三字为楷书，每字一尺见方。

3.4.11 福隆文阁

位于石排镇石排大道福隆路段旁，福隆村文化广场内，始建年代不详。文阁坐东向西，为双檐式八角形结构，面积约26.1平方米。清雍正年间及2004年分别重修，为村里的风水塔。文阁原为7层，因某种原因清末年间拆减了2层，因此，塔的造型和比例有别于其他风水塔。文阁的塔基及各层匾额均为红砂岩。

3.4.12 埔心古塔

位于石排镇埔心村上汴村小组围前，始建于清代乾隆四十四年（1779年）。该塔坐西南向东北，为六边形壁内折上式砖室塔，红砂岩砌筑塔基，青砖砌筑塔身。第一层门匾阳刻“秀毓汴溪”，落款为阴刻“乾隆己亥仲冬建”；第二层横门匾为阳刻“倚天”；第三层横门匾阳刻“封宅”。门匾均为红砂岩。

青云桥

福隆文阁

埔心古塔

四 东莞红砂岩文化遗存的价值

东莞红砂岩文化遗存蕴藏着丰富的古代信息，具有很高的历史价值、文献价值、艺术价值和旅游价值。大量的红砂岩石质文物，记录了东莞丰富的历史文化信息，反映了当时东莞的社会历史状态，对东莞的政治、经济、文化等各方面产生了深远的影响。

4.1 历史价值

如燕岭古采石场遗址，它是研究历代采石技术的重要例证。燕岭古采石场遗址是明、清时期珠江三角洲地区采取棕红色细砂质粉砂岩作建筑材料的重要采石遗址。采石场历代多次开采，又多次禁采，遗址内遗存有多个不同时期的钎痕、桩孔等采石遗痕，对研究历代采石技术有一定的参考价值，同时也是研究古代建筑用材的实例。燕岭古采石场所产红石由于色泽艳丽、质地细腻，深受喜爱，加之靠近珠江三角洲的运输大动脉之一东江，交通便利，所采石材被源源不断运往各地，被广泛应用于珠江三角洲地区尤其是东莞的古建筑之上。从明代洪武十七年（1384年）南海卫建设东莞城，一直到清末民初，城垣城楼、祠堂庙宇、宅第民居、牌坊亭台、桥涵井泉、村落巷道等，或采用燕岭红砂岩做建筑基础、门窗框架、支柱以及装饰性的石雕、石匾、石台、护栏等等，或用红石铺路、铺地，形成珠江三角洲一带古村落、古建筑特有的红砂岩文化。燕岭古采石场遗址作为建筑用材的取材之地，遗留了大量的条石、石柱，对研究珠江三角洲的古代建筑用材具有价值。此外，燕岭古采石场遗址是研究珠江三角洲地质变迁和丹霞地貌的重要实例。东莞石排燕岭组成岩石均为棕红色细砂质粉砂岩，形成于中生代燕山运动中，也是珠江古海湾早第三纪海侵的见证，为研究珠江三角洲岩性地质和地层发展提供了宝贵的材料。在地貌发育上，东莞石排的红砂岩丘陵，岩层倾角大，层理发育，垂直节理少，分布区域石壁林立、奇峰峻峭，具有典型丹霞地貌“顶平、身陡、麓缓”的特征，是珠江三角洲丹霞地貌的典型实例。

4.2 文献价值

石排镇埔心村洪圣宫明代石刻为埔心洪圣宫的年代断定提供了确实的实物佐证。铭文文字为：“于赫有庙，神光炳炳，俯仰罗浮，陟降旗岭，于石之冈，尧降斯境，维神正直，南海是永，怒风扬波，爰镇爰静，作福万类，为邦之屏，庇我室家，锡我余庆，维余小子，夙夜祗兢，乃瞻庙貌，钟虞相映，有石斯崇，有质斯咏，孑以奠之，寝庙之正。□万历三十三年岁次乙巳越甲戌朔旦庚辰吉日，弟子□李崇愚敬奉”。埔心洪圣宫是东莞市文物保护单位，由于缺乏相关资料，一直无法断定洪圣宫的确切年代，只能由它的建筑风格推断它是明代古建筑。这件石刻的出土不仅有着明确的万历三十三年（1605年）记载，而且从其文字内容来看，是歌颂水神功德，应该可以确认是属于洪圣宫内的建筑构件。因此可以断定，洪圣宫在明代万历年间就已经存在，其始建年代在明万历三十三年（1605年）之前是确凿无疑的。

4.3　艺术价值

采石场内的清代摩崖石刻“咸钦燕岭”题刻，字形巨大壮观，书风雄浑俊逸，文词古朴淡雅，至今保护完好，对研究我国清代书法和石刻工艺具有一定的艺术价值。由于红砂岩质地松软不易雕琢却极易损坏，因而少有完整的古代红砂岩石雕传世。现存于金鳌洲塔管理所内的石雕以本地红砂岩为材料，雕刻玲珑剔透，其造型优美，表情生动。在塘尾、南社古村落里，随处可见用红砂岩雕刻的柱础、墙角、栏板、雀替等建筑构件，其纹饰精美，题材多样，具有很高的审美和艺术价值。

4.4　旅游价值

石排燕岭古采石场和摩崖石刻，其美丽的丹霞奇观与历史留下的人文底蕴交相辉映，引来众多游人参观。又如南社、塘尾明清古建筑群的红石色彩亮丽，工艺精致，反映了东莞历史上较高的经济文件水平，极具欣赏价值。

东莞红砂岩文化遗存，数量众多，内容丰富，品种齐全，具有多方面的珍贵价值，几乎每处红砂岩文物都是一个文化遗产的载体。

第四章

东莞红砂岩文化遗存保存现状调查

东莞红砂岩文化遗存保存状态评估与保护方法研究

Study on Status Evaluation and Preservation Methods of Red Sandstone Cultural Heritage in Dongguan

东莞红砂岩文化遗存种类繁多、数量庞大，但从第三次全国文物普查的情况来看，普遍存在着不同形式的病害，其保存现状不容乐观。现选取具有代表性的南社村及塘尾村明清古建筑群、苏氏宗祠、彭氏大宗祠、王氏大宗祠、康王庙等国保、省保、市保单位以及金鳌州塔管理所藏红砂岩石刻作为调查研究对象，通过现场实地调查及后期分析研究，完成红砂岩文化遗存主要病害类型的调查、分类及统计，并以点带面，对东莞红砂岩文化遗存的保存现状作出总体评估。

一 东莞红砂岩文化遗存的主要病害类型及典型照片

1.1 表面酥碱、粉状脱落及片状脱落

表面酥碱、粉状脱落及片状脱落是东莞红砂岩文化遗存最为主要、也是危害最大的三种病害。它们常常相伴而生，粉状脱落及片状脱落多是由表面酥碱引起的。通过现场调查可以发现，表面酥碱、粉状脱落及片状脱落病害多发生在靠近地面，也就是毛细水较为丰富的地方，如墙裙、柱础基部、台基底部等处。另外，在微生物病害的边缘处，由于毛细水活动较为活跃，湿度变化大，也常常会出现酥碱病害。此类病害严重影响红砂岩遗存外观，使其表面泛白，纹饰不清，更为严峻的是它会引起红砂岩本体的大量脱落，有的墙裙和柱础部分脱落十分严重，甚至出现凹陷，如不及时采取有效措施加以保护，长此以往，会严重影响古建筑物的整体稳定性。

苏氏宗祠二进间大殿台基酥碱

南社照南公祠柱础酥碱

上左：南社照南公祠立柱粉状脱落
上右：王氏大宗祠墙体基部粉状脱落
下左：王氏大宗祠墙面片状脱落
下右：塘尾景通公祠柱础片状脱落

1.2　开裂

东莞红砂岩文化遗存的开裂形式主要有两种：一种是机械裂隙（应力裂隙），另一种是浅表性裂隙（风化裂隙）。机械裂隙是因外力扰动、受力不均、地基沉降或红砂岩自身构造等引起的石质文物开裂现象，一般这类裂隙多深入石材内部，严重时会威胁到石质文物的整体稳定，裂隙交切、贯穿会导致文物整体断裂与局部脱落。而风化裂隙则是由于自然风化、溶蚀现象导致的沿石质文物纹理发育的裂隙，这种裂隙徐薄弱夹杂带附近呈条带状分布且较深外，一般比较细小，延伸进入文物内部较浅，多呈里小外大的V字型裂隙。开裂现象多见于石刻雕像、围栏及雕花处。

1.3　孔洞状风化

从现场调查情况看，金鳌州塔管理所藏的石雕上和部分古建筑红砂岩墙体上会发现成片孔洞状或坑窝状现象，这种现象也是风化的一种。露天红砂岩文物长期遭受雨水的冲刷，表面溶解，极易形成这种孔洞状风化，而酸性降雨则导致这一现象的加剧。这类病害一方面影响了文物的外观，另一方面酸雨带来的残留的可溶性盐还会循环溶解—结晶，进一步侵蚀石材。

彭氏大宗祠门外围栏开裂

康王庙门外围栏开裂

钟松雪家族墓石刻马孔洞状风化

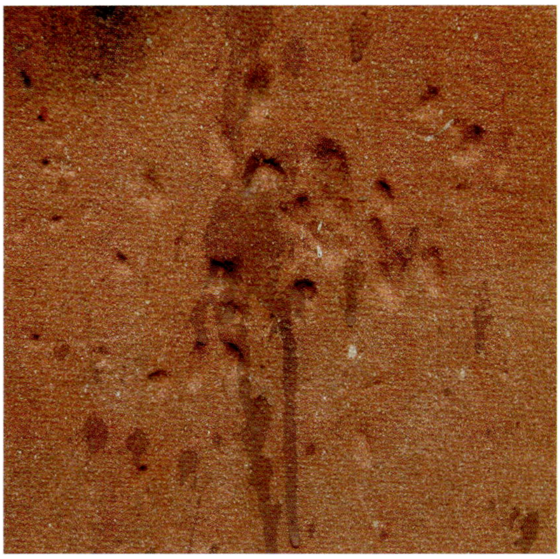
苏氏宗祠墙体表面孔洞状风化

1.4 局部破损缺失

由于自然因素、撞击等外力作用或其他因素的影响，红砂岩文化遗存会出现局部破损缺失现象。这些破损缺失一方面使文化遗存丧失其完整性，严重影响文物的美观效果，另一方面大大降低遗存本身强度，极易发生局部脱落，严重时还会对其整体稳定性构成威胁。

1.5　生物病害（微生物及植物病害）

现场病害调查可以发现，生物病害在红砂岩文化遗存中亦十分常见，并且由于生物病害在红砂岩表面留下了各种颜色，也使得这种病害最为明显和突出。生物病害主要分布在地面以及靠近地面，如墙裙、台基等处。在非常潮湿的地方，如墙根易积水处常常成片出现。生物病害对红砂岩文化遗存的危害也是相当严重的。一方面生物污染严重破坏了红砂岩文化遗存的外观，在其表面留下绿色、黑色等各种颜色的生物污染物，极不美观，大大降低了红砂岩文化遗存的艺术价值；另一方面，生物病害还会对石材造成侵蚀和破坏作用。微生物和植物在新陈代谢过程中分泌的大量有机酸腐蚀破坏石质结构，加速了红砂岩文化遗存的分解；植物根和微生物菌丝的穿透作用会引起机械破坏；另外生物风化产物中通常含有一定的可溶盐成分，这也会加剧文物的表面风化。

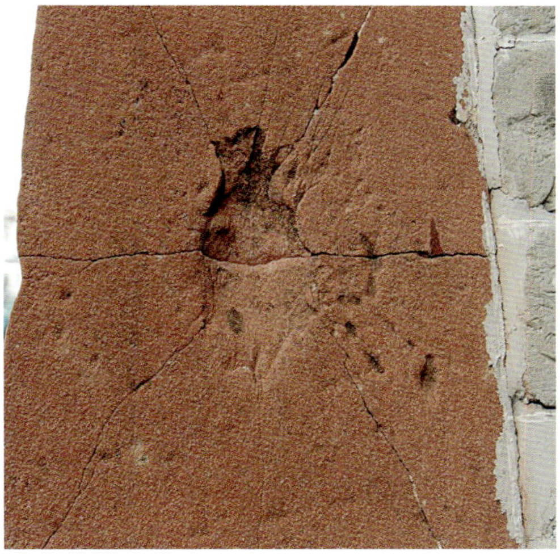

王氏大宗祠护墙沿缺失

南社照南公祠柱础局部破损缺失

上清观镇门兽石刻狻猊生物病害

苏氏宗祠围栏及地面生物病害

1.6 不当修复（水泥修补）

东莞红砂岩文化遗存的不当修复以水泥修补为主。现场调查可以发现，在早先修复过程中，基本都是采用水泥砂浆作为修复材料，尤其在红砂岩文化遗存的墙裙处有大量的水泥修补。目前这些修补过的地方，由于使用水泥砂浆作为修补材料，将大量可溶盐引入红砂岩本体，所以酥碱现象变得极为严重，表面明显泛白，影响红砂岩文化遗存的外观。并且部分水泥修补处已经出现了大面积开裂及脱落现象，这对红砂岩文化遗存的长期保存十分不利。

南社谢氏大宗祠墙体不当修复

苏氏宗祠墙体基部不当修复

1.7 人为污染

由于管理不当而产生涂鸦、书写及烟熏等人为污染，严重影响红砂岩文化遗存的外观，降低了其艺术价值。如在康王庙二进间大殿内，由于长期烟熏，殿内部分红砂岩立柱、墙裙已严重变黑，甚至出现剥落。

塘尾景通公祠墙体人为涂写

康王庙二进间大殿柱烟熏病害

二 东莞红砂岩文化遗存主要病害统计

东莞红砂岩文化遗存的病害调查对象主要分为两大类：石刻雕像、古建筑。通过现场调查、拍照、绘制病害图、以及后期制作CAD病害图及数据统计，对东莞典型红砂岩文化遗存所存在的主要病害种类、病害面积及病害分布规律有了深入的认识。

2.1　石刻雕像

以最有代表性的存于金鳌洲塔管理所的红砂岩石刻雕像进行了病害调查及统计，结果如下表。

表4.1　金鳌洲塔管理所藏红砂岩石刻雕像病害统计

文物名称	病害种类	数据统计
上清观镇门兽石刻狻猊一号	微生物病害	面积0.96m^2
	片状脱落	面积0.10m^2
	孔洞状风化	面积0.01m^2
	裂隙	主要有11条，总长79.6厘米，其中最长一条为23.3厘米
上清观镇门兽石刻狻猊二号	微生物病害	面积0.71m^2
	片状脱落	面积0.004m^2
	粉状脱落	面积0.013m^2
	孔洞状风化	面积0.04m^2
	不当修复	面积0.06m^2
	裂隙	主要有7条，总长64.1厘米，其中最长一条为27.7厘米
钟松雪家族墓石刻马一号	微生物病害	面积2.76m^2
	孔洞状风化	面积0.34m^2
	局部破损缺失	面积0.22m^2
钟松雪家族墓石刻马二号	微生物病害	面积12.53m^2
	孔洞状风化	面积0.46m^2
钟松雪家族墓石刻麒麟	微生物病害	面积1.86m^2
	局部破损缺失	面积0.16m^2
	人为污染	面积0.06m^2
	不当修复	面积0.03m^2
	裂隙	主要有3条，总长109.1厘米，其中最长一条为71.8厘米

续表

文物名称	病害种类	数据统计
无名墓镇墓将军	微生物病害	面积0.50m^2
	局部破损缺失	面积0.17m^2
罗亨信墓神道碑座石刻赑屃	微生物病害	面积2.20m^2
	不当修复	面积0.47m^2
	片状脱落	面积0.39m^2

2.2 古建筑

主要对南城苏氏宗祠、东坑彭氏大宗祠、石排王氏大宗祠和康王庙、石排塘尾村明清古建筑群的景通公祠、琴乐公祠、梅庵公祠以及茶山南社村明清古建筑群的关帝庙、百岁坊、照南公祠等古建筑中红砂岩构件的病害进行了详尽的调查及统计，结果如下表（所有统计均不包括地面红砂岩）：

表4.2 苏氏宗祠红砂岩主要病害统计

病害种类	数据统计
酥碱	总面积为93.48m^2，其中建筑根基部位（包括墙裙、台基、柱础）面积为80.73m^2
粉状脱落	总面积为10.44m^2，其中建筑根基部位（包括墙裙、台基、柱础）面积为4.39m^2
片状脱落	总面积为76.58m^2，其中建筑根基部位（包括墙裙、台基、柱础）面积为74.79m^2
孔洞状风化	总面积为0.40m^2，全部分布于建筑根基部位（包括墙裙、台基、柱础）
微生物病害	总面积为93.71m^2，其中建筑根基部位（包括墙裙、台基、柱础）面积为88.22m^2
植物病害	总面积为0.26m^2，全部分布于建筑根基部位（包括墙裙、台基、柱础）
不当修复	总面积为5.79m^2，其中建筑根基部位（包括墙裙、台基、柱础）面积为5.71m^2
人为污染	总面积为3.91m^2，全部分布于建筑根基部位（包括墙裙、台基、柱础）
局部破损缺失	总面积为1.26m^2，其中建筑根基部位（包括墙裙、台基、柱础）面积为1.23m^2
各类病害总面积	各类病害总面积为285.83m^2，其中建筑根基部位（包括墙裙、台基、柱础）病害面积为259.64m^2，占总面积的90.84%

表4.3 彭氏大宗祠主要病害统计

病害种类	数据统计
酥碱	总面积为24.00m^2，其中建筑根基部位（包括墙裙、台基、柱础）面积为3.17m^2，围栏面积为20.83m^2
粉状脱落	总面积为59.64m^2，其中建筑根基部位（包括墙裙、台基、柱础）面积为33.34m^2
片状脱落	总面积为4.56m^2，其中建筑根基部位（包括墙裙、台基、柱础）面积为4.01m^2
孔洞状风化	总面积为13.36m^2，全部分布于建筑根基部位（包括墙裙、台基、柱础）

病害种类	数据统计
微生物病害	总面积为115.83m²，其中建筑根基部位（包括墙裙、台基、柱础）面积为34.21m²，围栏面积为80.43m²
植物病害	无
不当修复	总面积为18.90m²，其中建筑根基部位（包括墙裙、台基、柱础）面积为14.51m²
人为污染	总面积为7.65m²，其中建筑根基部位（包括墙裙、台基、柱础）面积为5.13m²
局部破损缺失	无
各类病害总面积	各类病害总面积为249.94m²，其中建筑根基部位（包括墙裙、台基、柱础）病害面积为107.73m²，占总面积的43.1%

表4.4　王氏大宗祠主要病害统计

病害种类	数据统计
酥碱	总面积为61.17m²，其中建筑根基部位（包括墙裙、台基、柱础）面积为60.17m²
粉状脱落	总面积为14.16m²，全部分布于建筑根基部位（包括墙裙、台基、柱础）
片状脱落	总面积为3.37m²，其中建筑根基部位（包括墙裙、台基、柱础）面积为3.23m²
孔洞状风化	总面积为9.42m²，其中建筑根基部位（包括墙裙、台基、柱础）面积为9.26m²
微生物病害	总面积为32.18m²，其中建筑根基部位（包括墙裙、台基、柱础）面积为32.13m²
植物病害	总面积为0.16m²，全部分布于建筑根基部位（包括墙裙、台基、柱础）
不当修复	总面积为44.17m²，其中建筑根基部位（包括墙裙、台基、柱础）面积为43.08m²
人为污染	总面积为0.29m²，其中建筑根基部位（包括墙裙、台基、柱础）面积为0.14m²
局部破损缺失	总面积为0.30m²，其中建筑根基部位（包括墙裙、台基、柱础）面积为0.18m²
各类病害总面积	各类病害总面积为165.22m²，其中建筑根基部位（包括墙裙、台基、柱础）病害面积为162.51m²，占总面积的98.36%

表4.5　康王庙主要病害统计

病害种类	数据统计
酥碱	总面积为11.1m²，其中建筑根基部位（包括墙裙、台基、柱础）面积为9.80m²
粉状脱落	总面积为0.45m²，其中建筑根基部位（包括墙裙、台基、柱础）面积为0.34m²
片状脱落	总面积为1.60m²，其中建筑根基部位（包括墙裙、台基、柱础）面积为1.30m²
孔洞状风化	总面积为3.50m²，其中建筑根基部位（包括墙裙、台基、柱础）面积为3.16m²
微生物病害	总面积为0.46m²，其中建筑根基部位（包括墙裙、台基、柱础）面积为0.13m²
植物病害	无
不当修复	总面积为0.16m²，其中建筑根基部位（包括墙裙、台基、柱础）面积为0.09m²
人为污染	总面积为1.16m²，其中建筑根基部位（包括墙裙、台基、柱础）面积为0.88m²
局部破损缺失	无
各类病害总面积	各类病害总面积为18.43m²，其中建筑根基部位（包括墙裙、台基、柱础）病害面积为15.7m²，占总面积的85.19%

表4.6　景通公祠主要病害统计

病害种类	数据统计
酥碱	总面积为4.63m²，全部分布于建筑根基部位（包括墙裙、台基、柱础）
粉状脱落	总面积为2.73m²，全部分布于建筑根基部位（包括墙裙、台基、柱础）
片状脱落	总面积为1.62m²，全部分布于建筑根基部位（包括墙裙、台基、柱础）
孔洞状风化	无
微生物病害	总面积为5.82m²，全部分布于建筑根基部位（包括墙裙、台基、柱础）
植物病害	总面积为0.48m²，全部分布于建筑根基部位（包括墙裙、台基、柱础）
不当修复	无
人为污染	总面积为10.26m²，全部分布于建筑根基部位（包括墙裙、台基、柱础）
局部破损缺失	总面积为3.50m²，全部分布于建筑根基部位（包括墙裙、台基、柱础）
各类病害总面积	各类病害总面积为29.04m²，全部分布于建筑根基部位（包括墙裙、台基、柱础），占总面积的100%

表4.7　琴乐公祠主要病害统计

病害种类	数据统计
酥碱	总面积为10.77m²，其中建筑根基部位（包括墙裙、台基、柱础）面积为10.67m²
粉状脱落	总面积为7.71m²，其中建筑根基部位（包括墙裙、台基、柱础）面积为5.23m²
片状脱落	总面积为1.17m²，全部分布于建筑根基部位（包括墙裙、台基、柱础）
孔洞状风化	无
微生物病害	总面积为7.79m²，其中建筑根基部位（包括墙裙、台基、柱础）面积为7.77m²
植物病害	总面积为2.48m²，全部分布于建筑根基部位（包括墙裙、台基、柱础）
不当修复	无
人为污染	总面积为0.73m²，全部分布于建筑根基部位（包括墙裙、台基、柱础）
局部破损缺失	无
各类病害总面积	各类病害总面积为30.65m²，其中建筑根基部位（包括墙裙、台基、柱础）病害面积为28.05m²，占总面积的91.52%

表4.8　梅庵公祠主要病害统计

病害种类	数据统计
酥碱	总面积为1.49m²，全部分布于建筑根基部位（包括墙裙、台基、柱础）
粉状脱落	总面积为2.84m²，其中建筑根基部位（包括墙裙、台基、柱础）面积为0.78m²
片状脱落	总面积为4.43m²，其中建筑根基部位（包括墙裙、台基、柱础）面积为4.23m²
孔洞状风化	总面积为0.17m²，其中建筑根基部位（包括墙裙、台基、柱础）面积为0.085m²
微生物病害	总面积为4.30m²，其中建筑根基部位（包括墙裙、台基、柱础）面积为0.91m²
植物病害	无
不当修复	总面积为16.92m²，其中建筑根基部位（包括墙裙、台基、柱础）面积为16.91m²
人为污染	总面积为7.04m²，其中建筑根基部位（包括墙裙、台基、柱础）面积为2.52m²
局部破损缺失	总面积为0.24m²，其中建筑根基部位（包括墙裙、台基、柱础）面积为0.09m²
各类病害总面积	各类病害总面积为37.43m²，其中建筑根基部位（包括墙裙、台基、柱础）病害面积为27.02m²，占总面积的72.19%

表4.9　关帝庙主要病害统计

病害种类	数据统计
酥碱	总面积为8.24m²，其中建筑根基部位（包括墙裙、台基、柱础）面积为8.07m²
粉状脱落	无
片状脱落	总面积为1.61m²，全部分布于建筑根基部位（包括墙裙、台基、柱础）
孔洞状风化	无
微生物病害	总面积为28.49m²，全部分布于建筑根基部位（包括墙裙、台基、柱础）
植物病害	总面积为0.074m²，全部分布于建筑根基部位（包括墙裙、台基、柱础）
不当修复	总面积为10.53m²，其中建筑根基部位（包括墙裙、台基、柱础）面积为10.53m²
人为污染	总面积为1.73m²，其中建筑根基部位（包括墙裙、台基、柱础）面积为1.64m²
局部破损缺失	总面积为0.17m²，全部分布于建筑根基部位（包括墙裙、台基、柱础）
各类病害总面积	各类病害总面积为50.74m²，其中建筑根基部位（包括墙裙、台基、柱础）病害面积为50.58m²，占总面积的99.68%

表4.10　百岁坊主要病害统计

病害种类	数据统计
酥碱	总面积为18.18m²，其中建筑根基部位（包括墙裙、台基、柱础）面积为11.09m²
粉状脱落	无
片状脱落	总面积为0.95m²，其中建筑根基部位（包括墙裙、台基、柱础）面积为0.57m²
孔洞状风化	无
微生物病害	总面积为10.78m²，其中建筑根基部位（包括墙裙、台基、柱础）面积为6.98m²
植物病害	无
不当修复	总面积为11.81m²，其中建筑根基部位（包括墙裙、台基、柱础）面积为7.06m²
人为污染	总面积为0.07m²，其中建筑根基部位（包括墙裙、台基、柱础）无
局部破损缺失	无
各类病害总面积	各类病害总面积为41.79m²，其中建筑根基部位（包括墙裙、台基、柱础）病害面积为25.70m²，占总面积的61.50%

表4.11　照南公祠主要病害统计

病害种类	数据统计
酥碱	总面积为2.62m²，全部分布于建筑根基部位（包括墙裙、台基、柱础）
粉状脱落	总面积为13.84m²，其中建筑根基部位（包括墙裙、台基、柱础）面积为13.53m²
片状脱落	总面积为1.31m²，其中建筑根基部位（包括墙裙、台基、柱础）面积为1.29m²
孔洞状风化	总面积为0.15m²，全部分布于建筑根基部位（包括墙裙、台基、柱础）
微生物病害	总面积为1.14m²，其中建筑根基部位（包括墙裙、台基、柱础）面积为0.99m²
植物病害	无
不当修复	总面积为26.06m²，其中建筑根基部位（包括墙裙、台基、柱础）面积为25.91m²
人为污染	总面积为2.80m²，全部分布于建筑根基部位（包括墙裙、台基、柱础）
局部破损缺失	无
各类病害总面积	各类病害总面积为47.92m²，其中建筑根基部位（包括墙裙、台基、柱础）病害面积为47.29m²，占总面积的98.69%

三 东莞红砂岩文化遗存典型CAD病害图

3.1 金鳌洲塔管理所藏红砂岩石刻雕像典型CAD病害图

3.1.1 罗亨信墓神道碑座石刻赑屃

微生物损害　水泥修补

名称	罗亨信墓神道碑座石刻赑屃1				
编号	1-21				
调查	申静怡				
制图	徐诺				
审定	刘成				
高	1.25m	宽	1.44m	面积	1.80m^2

3.1.2 上清观镇门兽石刻狻猊

片状脱落　水泥修补　裂隙

名称	上清观镇门兽石刻狻猊1				
编号	1-1				
调查	申静怡				
制图	徐诺				
审定	刘成				
高	0.70m	宽	0.54m	面积	0.378m^2

3.1.3 无名墓镇墓将军

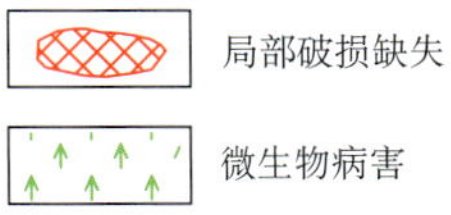

名称	无名墓镇墓将军1				
编号	1-19				
调查	申静怡				
制图	徐诺				
审定	刘成				
高	2.27m	宽	1.66m	面积	3.7m^2

3.1.4 钟松雪家族墓石刻马

微生物病害　局部破损缺失　孔洞状风化

名称	钟松雪家族墓刻马一号1				
编号	1-3				
调查	申静怡				
制图	徐诺				
审定	刘成				
高	1.42m	宽	1.54m	面积	$2.19m^2$

局部破损缺失

微生物病害

名称	钟松雪家族墓石刻马一号2				
编号	1-4				
调查	申静怡				
制图	徐诺				
审定	刘成				
高	1.40m	宽	0.54m	面积	$0.756m^2$

微生物病害　孔洞状风化　局部破损缺失

名称	钟松雪家族墓石刻马一号1				
编号	1-5				
调查	申静怡				
制图	徐诺				
审定	刘成				
高	1.38m	宽	1.54m	面积	$2.125m^2$

3.2　古建筑典型CAD病害图

3.2.1　苏氏宗祠典型CAD病害图

酥碱　粉状脱落　片状脱落

孔洞状风化　水泥修补　人为污染

名称	苏氏宗祠南偏院厢房北墙				
编号	5-53				
调查	申静怡				
制图	徐诺				
审定	刘成				
高	1.16m	宽	1.80m	面积	2.088m²

微生物病害　孔洞状风化　片状脱落

名称	苏氏祠堂三进间南厢房西墙				
编号	5-41				
调查	申静怡				
制图	徐诺				
审定	刘成				
高	1.29m	宽	2.50m	面积	3.225m²

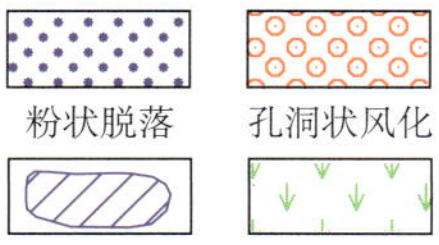

名称	苏氏宗祠二进间台基				
编号	5-45				
调查	申静怡				
制图	徐诺				
审定	刘成				
高	1.70m	宽	3.00m	面积	5.10m^2

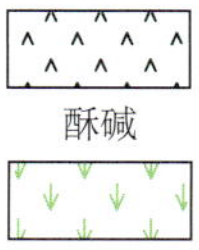

名称	苏氏宗祠二进间天井台基				
编号	5-23				
调查	申静怡				
制图	徐诺				
审定	刘成				
高	0.92m	宽	2.45m	面积	2.254m^2

3.2.2　彭氏大宗祠典型CAD病害图

粉状脱落　片状脱落

水泥修补　局部破损缺失

名称	彭氏大宗祠二进间大殿前柱础				
编号	3-27				
调查	申静怡				
制图	武严				
审定	刘成				
高	0.44m	宽	0.38m	面积	$0.167m^2$

粉状脱落　人为污染

水泥修补　微生物病害

名称	彭氏大宗祠二进间天井北侧西墙				
编号	3-36				
调查	申静怡				
制图	武严				
审定	刘成				
高	1.10m	宽	2.27m	面积	$2.497m^2$

酥碱

微生物病害

名称	彭氏大宗祠门外前院南侧垂直向围栏内侧				
编号	3-5				
调查	申静怡				
制图	武严				
审定	刘成				
高	2.81m	宽	5.70m	面积	$16.017m^2$

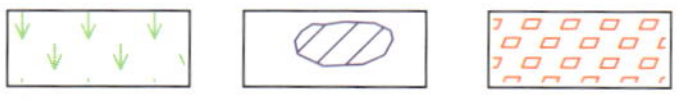

名称	彭氏大宗祠正门北侧台基3				
编号	3-14				
调查	申静怡				
制图	武严				
审定	刘成				
高	0.87m	宽	1.96m	面积	$1.71m^2$

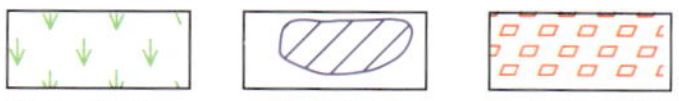

名称	彭氏大宗祠正门北侧台基2				
编号	3-13				
调查	申静怡				
制图	武严				
审定	刘成				
高	0.87m	宽	1.96m	面积	$1.71m^2$

3.2.3　王氏大宗祠

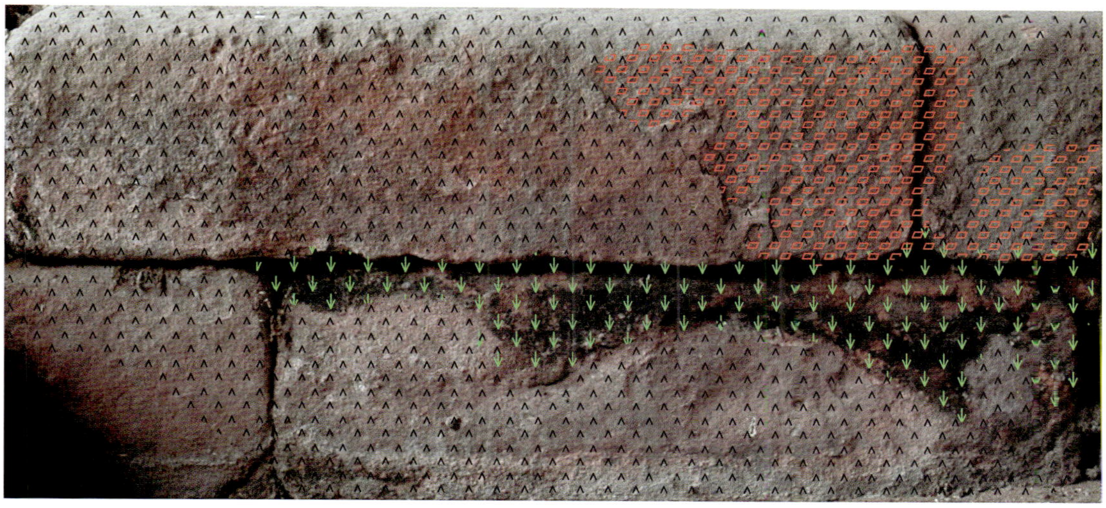

酥碱　微生物病害　片状脱落

名称	王氏大宗祠二进间大殿台基				
编号	4-32				
调查	申静怡				
制图	武严				
审定	刘成				
高	0.32m	宽	0.73m	面积	0.234m²

名称	王氏大宗祠二进间大殿西侧墙裙				
编号	4-41				
调查	申静怡				
制图	武严				
审定	刘成				
高	1.55m	宽	3.54m	面积	5.487m²

酥碱　粉状脱落　水泥修补

名称	王氏大宗祠二进间天井柱础				
编号	4-48				
调查	申静怡				
制图	武严				
审定	刘成				
高	0.73m	宽	0.40m	面积	0.292m^2

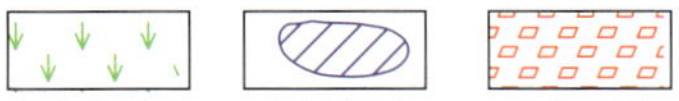

名称	王氏大宗祠门外前院西侧墙裙				
编号	4-1				
调查	申静怡				
制图	武严				
审定	刘成				
高	2.03m	宽	3.17m	面积	6.435m^2

3.2.4　康王庙

人为污染　微生物病害　片状脱落

名称	康王庙一进间大殿屏风				
编号	2-17				
调查	刘佳				
制图	徐诺				
审定	刘成				
高	0.79m	宽	1.44m	面积	$1.376m^2$

片状脱落　粉状脱落

名称	康王庙一进间大殿南侧柱础				
编号	2-10				
调查	刘佳				
制图	徐若				
审定	刘成				
高	0.97m	宽	0.70m	面积	$0.679m^2$

水泥修补　人为污染　粉状脱落

名称	康王庙正门外南侧墙				
编号	2-1				
调查	刘佳				
制图	徐诺				
审定	刘成				
高	2.30m	宽	2.20m	面积	$5.06m^2$

3.2.5 塘尾村明清古建筑群

3.2.5.1 景通公祠

名称	景通公祠一进间西厢房				
编号	6-1-14				
调查	刘佳				
制图	徐诺				
审定	刘成				
高	1.79m	宽	2.52m	面积	4.511m^2

名称	景通公祠门外东侧墙裙				
编号	6-1-1				
调查	刘佳				
制图	徐诺				
审定	刘成				
高	1.72m	宽	2.53m	面积	4.352m^2

3.2.5.2　琴乐公祠

酥碱　微生物病害

名称	琴乐公祠大殿背墙				
编号	6-3-9				
调查	武严				
制图	徐诺				
审定	刘成				
高	1.08m	宽	2.42m	面积	2.614m²

酥碱　片状脱落　水泥修补　微生物病害

名称	琴乐公祠前厅西檐墙				
编号	6-3-13				
调查	武严				
制图	徐诺				
审定	刘成				
高	0.85m	宽	1.25m	面积	1.063m²

3.2.5.3 梅庵公祠

微生物病害　酥碱　人为污染

名称	梅庵公祠门外东侧墙裙				
编号	6-2-3				
调查	申静怡				
制图	徐诺				
审定	刘成				
高	0.81m	宽	1.00m	面积	0.81m^2

微生物病害　水泥修补　片状脱落

名称	梅庵公祠门外西侧台基				
编号	6-2-8				
调查	申静怡				
制图	徐诺				
审定	刘成				
高	0.60m	宽	1.20m	面积	0.72m^2

微生物病害　水泥修补　片状脱落

名称	梅庵公祠门外东侧台基				
编号	6-2-17				
调查	申静怡				
制图	徐诺				
审定	刘成				
高	0.60m	宽	1.20m	面积	0.72m^2

水泥修补　粉状脱落　片状脱落
酥碱　人为污染

名称	梅庵公祠门内西墙				
编号	6-2-19				
调查	申静怡				
制图	徐诺				
审定	刘成				
高	0.80m	宽	1.00m	面积	0.80m^2

片状脱落　裂缝　水泥修补

名称	梅庵公祠门外西台基				
编号	6-2-7				
调查	申静怡				
制图	徐诺				
审定	刘成				
高	0.44m	宽	0.37m	面积	0.163m^2

3.2.6 南社村古建筑群

3.2.6.1 关帝庙

名称	关帝庙大殿内左侧后柱柱础				
编号	7-2-11				
调查	申静怡				
制图	徐诺				
审定	刘成				
高	0.45m	宽	0.34m	面积	$0.153m^2$

名称	关帝庙西耳室外墙				
编号	7-2-21				
调查	申静怡				
制图	徐诺				
审定	刘成				
高	2.65m	宽	3.95m	面积	$10.47m^2$

名称	关帝庙东耳室外墙				
编号	7-2-18				
调查	申静怡				
制图	徐诺				
审定	刘成				
高	2.22m	宽	3.95m	面积	$8.769m^2$

粉状脱落　片状脱落

水泥修补　微生物病害

名称	关帝庙西侧外墙					
编号	7-2-28					
调查	严妍					
制图	徐诺					
审定	刘成					
高	2.22m	宽	3.36m	面积	7.46m^2	

微生物病害　水泥修补　酥碱

名称	关帝庙大殿台基 I				
编号	7-2-13				
调查	严妍				
制图	徐诺				
审定	刘成				
高	0.58m	宽	1.20m	面积	0.696m^2

3.2.6.2

酥碱　水泥修补

名称	百岁坊大殿墙裙				
编号	7-1-9				
调查	严妍				
制图	徐诺				
审定	刘成				
高	0.78m	宽	1m	面积	0.78m^2

酥碱　水泥修补

名称	百岁坊大殿柱础				
编号	7-1-13				
调查	严妍				
制图	徐诺				
审定	刘成				
高	0.53m	宽	0.53m	面积	0.281m^2

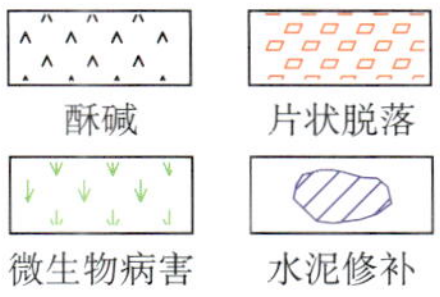

名称	百岁坊正门北侧墙裙				
编号	7-1-19				
调查	严妍				
制图	徐诺				
审定	刘成				
高	1.13m	宽	1.47m	面积	1.616m²

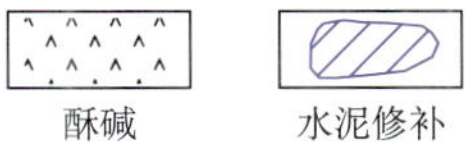

名称	百岁坊正门内侧墙				
编号	7-1-16				
调查	严妍				
制图	徐诺				
审定	刘成				
高	1.58m	宽	3.00m	面积	4.74m²

3.2.6.3 照南公祠

酥碱　粉状脱落　片状脱落

名称	照南公祠大殿后立柱柱础1				
编号	7-3-23				
调查	严妍				
制图	徐诺				
审定	刘成				
高	0.28m	宽	0.17m	面积	0.048m^2

微生物病害　粉状脱落　水泥修补

名称	照南公祠大殿前立柱2				
编号	7-3-22				
调查	严妍				
制图	徐诺				
审定	刘成				
高	0.25m	宽	0.17m	面积	0.425m^2

粉状脱落　水泥修补

名称	南照南公祠大殿前立柱柱础1				
编号	7-3-20				
调查	严妍				
制图	徐诺				
审定	刘成				
高	0.28m	宽	0.17m	面积	$0.048m^2$

粉状脱落　水泥修补　片状脱落

名称	照南公祠门外柱础				
编号	7-3-7				
调查	严妍				
制图	徐诺				
审定	刘成				
高	0.56m	宽	0.40m	面积	$0.224m^2$

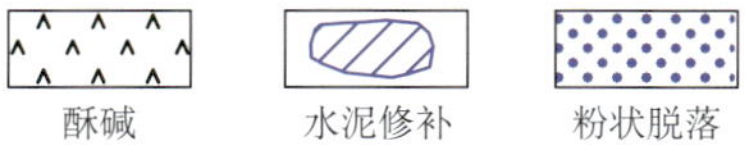

名称	照南公祠前厅墙裙				
编号	7-3-18				
调查	严妍				
制图	徐诺				
审定	刘成				
高	2.11m	宽	1.60m	面积	3.376m^2

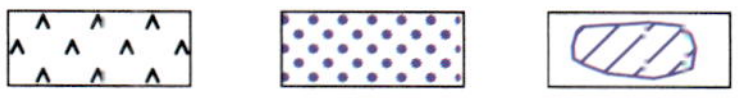

名称	照南公祠西偏房墙裙				
编号	7-3-13				
调查	严妍				
制图	徐诺				
审定	刘成				
高	1.41m	宽	2.90m	面积	4.089m²

四 东莞红砂岩文化遗存主要病害特点

通过对金鳌州塔管理所的7座红砂岩石刻雕像以及极具代表性的10座祠堂中红砂岩构件的实际调查分析及后期病害图绘制和最终数据统计，可以总结出东莞红砂岩文化遗存目前存在的病害主要有以下特点：

(1) 红砂岩文化遗存目前存在的最主要病害类型为微生物病害、酥碱、不当修复（水泥修补）、粉状脱落及片状脱落，它们依次占到病害总面积的32.16%、24.49%、14.10%、11.62%、10.15%。

(2) 从统计出的各祠堂病害数据可以看出，分布在建筑根基部位（与地面接近及较为接近处）的病害分别占病害总数的43.1%～100%，平均为84.11%。这充分说明病害主要分布于建筑的根基部位，包括红砂岩墙裙、台基以及柱础。但各病害的主要分布区域又有所不同：酥碱、粉状脱落及片状脱落主要分布于红砂岩墙裙、台基及柱础；微生物病害主要分布于红砂岩墙裙及台基；不当修复（水泥修补）则主要集中于红砂岩墙裙，且水泥修补处几乎均出现酥碱病害，严重的还伴有片状和粉状脱落。

(3) 建筑物的红砂岩墙裙主要病害类型依次为酥碱、微生物病害、粉状脱落、片状脱落、水泥修补；红砂岩台基主要病害类型依次为微生物病害、酥碱、粉状脱落、片状脱落；而红砂岩柱础主要病害类型为酥碱、片状脱落、粉状脱落。

(4) 各祠堂内的地面也是红砂岩的主要分布位置，其主要病害类型依次为植物病害、微生物病害、局部破损缺失和片状脱落。

表4.12 东莞红砂岩文化遗存病害统计表

病害种类	病害总面积（m^2）	百分比（%）
酥碱	235.68	24.49
粉状脱落	111.82	11.62
片状脱落	97.69	10.15
孔洞状风化	27.51	2.86
微生物病害	309.49	32.16
植物病害	3.45	0.36
不当修复	134.90	14.10
人为污染	35.7	3.71
局部破损缺失	6.02	0.63

五　东莞红砂岩文化遗存保存现状总述

东莞红砂岩文化遗存，在露天大气环境中已暴露了数百年。这些文化遗存经过数百年时光流逝，在露天环境中长期直接接受风吹、日晒、雨淋、空气中有害气体的腐蚀、各种微生物的侵蚀，目前保存完好的已屈指可数，大多都存在着不同程度的损坏。随着东莞工业的飞速发展，尤其是大规模的城市建设、基础设施建设的迅猛发展，工厂日益增多，环境问题变得日益突出，城市上空尘土、烟雾、酸雨对文物的侵蚀变得日益严重。目前东莞红砂岩文化遗存正面临着包括自然风化及人为因素在内的多重因素的威胁。

通过现场调查发现，90%以上的红砂岩文化遗存普遍存在着多种类型的病害，其中一部分存在较为严重的酥碱、粉状脱落、片状脱落及微生物侵蚀，甚至会影响文化遗存本身的稳定性。石刻雕像类红砂岩遗存有的已出现大面积的微生物侵蚀变色，有的雕像面部、前后肢和背部等处已残缺不全或开裂，而古建筑类红砂岩文化遗存则普遍出现酥碱泛白、粉状脱落、片状脱落、大面积微生物侵蚀变色等病害，尤其是古建筑根基部位的红砂岩，酥碱、剥离、风化十分严重，有的残损程度甚至影响古建筑本身的安全。而用水泥不当修补，撞击、涂鸦、书写及烟熏等人为因素也严重影响了文化遗存的外观，降低了其艺术价值。红砂岩文化遗存的保存现状不容乐观。

第五章

东莞红砂岩文化遗存病害机理研究

Study on Status Evaluation and Preservation Methods of Red Sandstone Cultural Heritage in Dongguan

东莞红砂岩文化遗存保存状态评估与保护方法研究

总体来讲，促使红砂岩文化遗存风化的因素有很多，既有石质本身组成、性质、结构等内部因素的影响;又有红砂岩文化遗存所处环境中有害气体、酸雨、尘埃、溶盐等化学因素的影响;有可溶盐的结晶—溶解—重结晶、晶变、潮解、温湿度变化等物理因素的影响;还有菌类等微生物对石质文物的酸解等生物因素的影响。

众所周知，由岩性、空隙率及胶结物类型等决定的岩石本身的耐久性能对文物的病害类型、程度起重要作用，而石材本身的特性和外界自然或人为作用的相互关系则决定了病害的类型和程度。为了深入研究具体实际情况中各种内部因素和外部自然因素对文物风化的影响，了解东莞红砂岩文化遗存腐蚀风化的机理，我们采用X–射线衍射法分析本地区红砂岩材质组成、风化产物成分，测定吸水率及孔隙率，结合东莞的气候特点、空气质量等环境状况，以此为依据找出对本地区红砂岩文化遗存造成侵蚀危害的各种因素，从而对东莞红砂岩文化遗存的腐蚀机理进行综合而全面的分析，为以后实施必要的保护工作打下坚实基础。

一 东莞红砂岩文化遗存石材检测分析

1.1 X射线衍射分析

将采集的红砂岩文化遗存本体材料进行X射线衍射光谱（简称XRD）检测分析（物理学测试）及其他水理学测试，以确定东莞市红砂岩的物理特性，其结果如下表：

表5.1 红砂岩样品X射线衍射分析（XRD）结果（含量W×10^{-2}）

取样位置 矿物名称	苏氏宗祠	彭氏大宗祠	塘尾照南公祠	南社民居	燕岭古采石场	平均值
石英	80.6	82.7	77.5	77.0	77.0	79.0
钾长石	3.5	1.6	6.2	5.0	6.0	4.5
方解石	4.0	/	7.0	4.0	5.0	4.0
铁白云石	0.9	0.7	0.3	1.0	2.0	1.0
赤铁矿	1.0	2.0	1.0	2.0	2.0	1.6
伊利石	4.0	8.0	4.0	4.0	3.0	4.6
伊蒙混层				/	/	
高岭石	6.0	5.0	4.0	5.0	4.0	4.8
高岭石	6.0	5.0	4.0	5.0	4.0	4.8
高岭石	6.0	5.0	4.0	5.0	4.0	4.8

表5.2　红砂岩中主要矿物组成不同晶轴方向的热膨胀系数

晶体名称	热膨胀系数(aX10^{-6}/℃)	
	与C轴垂直方向	与C轴平行方向
SiO_2(石英)	14	9
Al_2O_3(高岭石)	8.3	9.0
$CaCO_3$(方解石)	-6	25

从红砂岩文化遗存样品X射线衍射分析（XRD）结果可以看出，东莞的红砂岩中含有大量石英和一定量的不稳定长石类矿物（钾长石）。不同矿物组成的热膨胀系数各有不同，热胀冷缩的情况则不一致。而本地区红砂岩的胶结质主要为伊利石、伊蒙混层、高岭石，这类黏土类胶结质极易风化，它们遇水极易发生水化作用，体积膨胀，失水崩解脱落，伴随发生粒间，层间卸荷作用产生力学效应，影响岩石整体稳定性。

1.2　扫描电子显微镜分析

分别将调查中采集的新、旧红砂岩样品进行扫描电子显微镜分析，在微观条件下观察红砂岩的结构及腐蚀状况。笔者在东莞的六个地方分别采集了红砂岩样品：塘尾梅庵公祠、苏氏宗祠、南社照南公祠、塘尾琴乐公祠、燕岭古采石场遗址“补天石”、“十八房间”，其中前四者为风化后的红砂岩样品，而后两者为新鲜的红砂岩样品。对这六件样品分别进行扫描电镜分析，其结果如下：

1.2.1　塘尾梅庵公祠风化样品（依次为500倍、1000倍、2000倍、4000倍）

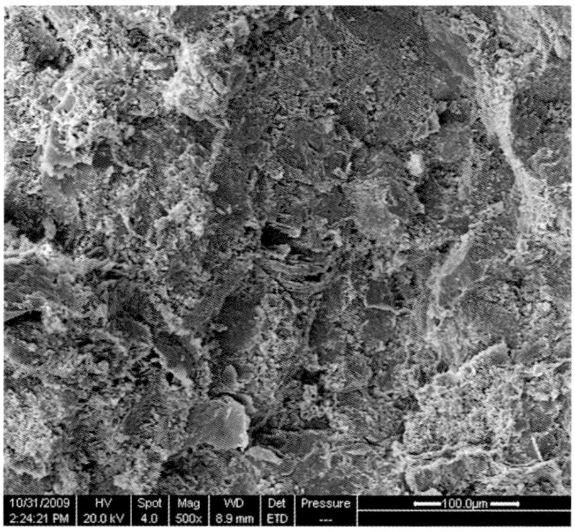

梅庵公祠风化样品扫描电镜　（500倍）

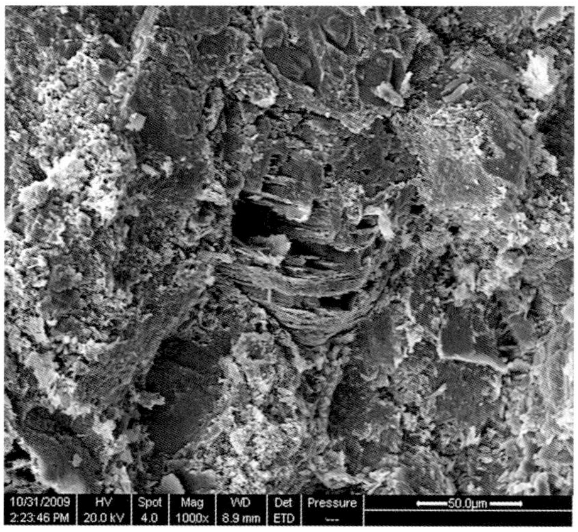

梅庵公祠风化样品扫描电镜　（1000倍）

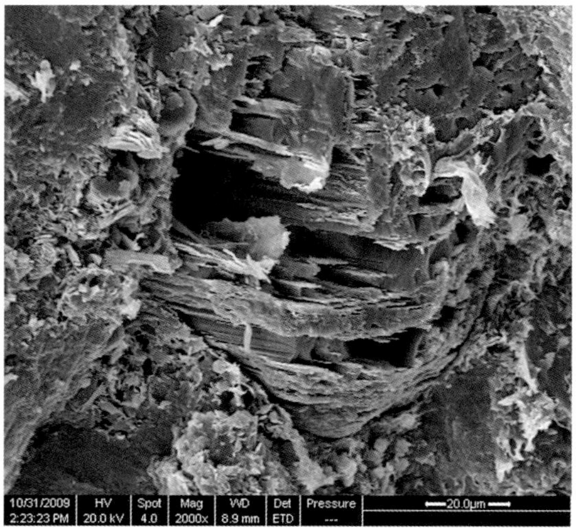

梅庵公祠风化样品扫描电镜　（2000倍）

梅庵公祠风化样品扫描电镜　（4000倍）

1.2.2　苏氏宗祠风化样品（依次为500倍、1000倍、2000倍、4000倍）

苏氏宗祠风化样品扫描电镜（500倍）

苏氏宗祠风化样品扫描电镜（1000倍）

苏氏宗祠风化样品扫描电镜（2000倍）

苏氏宗祠风化样品扫描电镜（4000倍）

1.2.3 南社照南公祠风化样品（依次为500倍、1000倍、2000倍、4000倍）

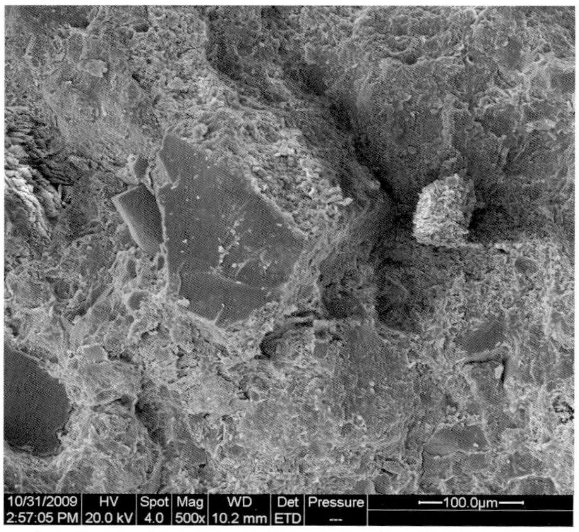

照南公祠风化样品扫描电镜 （500倍）

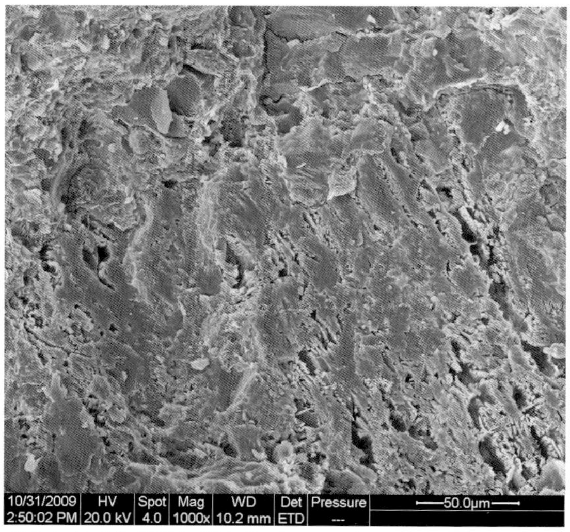

照南公祠风化样品扫描电镜（1000倍）

照南公祠风化样品扫描电镜（2000倍）

照南公祠风化样品扫描电镜（4000倍）

1.2.4　塘尾琴乐公祠风化样品（依次为1000倍、2000倍、4000倍、6000倍）

琴乐公祠风化样品扫描电镜（1000倍）

琴乐公祠风化样品扫描电镜（2000倍）

琴乐公祠风化样品扫描电镜（4000倍）

琴乐公祠风化样品扫描电镜（6000倍）

1.2.5 燕岭古采石场“补天石”处新鲜岩石样品（依次为500倍、2000倍、4000倍、8000倍）

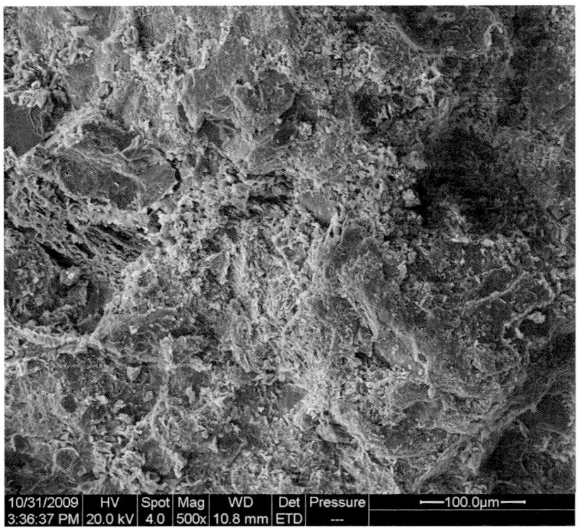

“补天石”新鲜岩石样品扫描电镜（500倍）

“补天石”新鲜岩石样品扫描电镜（2000倍）

“补天石”新鲜岩石样品扫描电镜（4000倍）

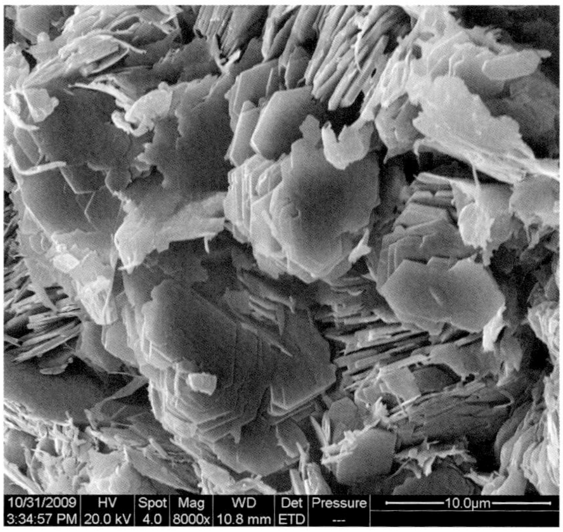

“补天石”新鲜岩石样品扫描电镜（8000倍）

1.2.6　燕岭古采石场“十八房间”处新鲜岩石样品（依次为130倍、500倍、2000倍、4000倍）

“十八间”新鲜岩石样品扫描电镜（130倍）

“十八间”新鲜岩石样品扫描电镜（500倍）

“十八间”新鲜岩石样品扫描电镜（2000倍）

“十八间”新鲜岩石样品扫描电镜（4000倍）

从扫描电镜结果中不难看出，红砂岩本身岩质较为疏松，片层状分布明显。而将采石场所取的新鲜红砂岩样品和风化后的样品对比则可以看出：新鲜红砂岩岩石内矿物相互连接状况较好，整体性、稳定性较强。而风化后的样品则出现了较大的孔洞、断层等，整体性、稳定性均下降。通过微观结构对比可明显看出红砂岩易被风化侵蚀，风化现象明显。且风化后的红砂岩不仅整体稳定性严重下降，而且形成的孔洞使水分和可溶盐更易在其中迁移。如不及时采取有效加固等保护措施，对文物的长期保护十分不利。

1.3 吸水率与孔隙率测定

调查时，取10块新鲜红砂岩样品进行吸水率与孔隙率测试。结果如下：

表5.3 东莞市红砂岩吸水率及孔隙率分析结果

样块编号	吸水率（%）	孔隙率（%）
1#	4.07	9.07
2#	4.54	10.22
3#	4.85	10.78
4#	5.04	11.00
5#	4.71	10.33
6#	4.81	10.77
7#	4.69	10.44
8#	4.87	11.11
9#	4.54	10.31
10#	4.80	10.72
平均	4.69	10.47

由以上结果可以看出，东莞红砂岩吸水率和孔隙率平均分别为4.69%和10.47%。我们将吸水率高于3.0%的岩石均称为高吸水性岩。由此可见，红砂岩的吸水率和孔隙率较石灰岩、大理石等致密石材都大，具有高吸水性。红砂岩的孔隙率比较大，导致其饱和状态比干燥状态的抗压强度等力学性能大幅度下降。红砂岩吸水率大，说明水对红砂岩的侵蚀及软化作用比较强，红砂岩的强度和稳定性受水的影响较大。

岩石的矿物成分、胶结物成分、微观结构及吸水率和孔隙率等要素错综复杂的变化组合，决定了岩体抗风化能力，控制了岩体风化强度的差异性。而通过以上各种分析检测，可以总结出：东莞的红砂岩，岩石呈片层状，夹杂较多，且具有较高的吸水率和孔隙率。其矿物成分中含有一定量的不稳定长石类矿物（钾长石）和较多易风化的黏土类矿物（伊利石、伊蒙混层、高岭石），易发生水解反应。这些特性显示，一方面东莞红砂岩本体石材质地相对较差，易受外界环境因素影响而风化，另一方面，红砂岩本身吸水率及孔隙率较大，水分与可溶盐易在其中迁移，同时为微生物的生长提供良好条件，这些均不利于红砂岩文化遗存的长期保存。

二　东莞红砂岩文化遗存保存环境调查

东莞位于欧亚大陆的东南缘、广东省南部、珠江三角洲东北部的东江下游，地处北回归线以南，濒临南海。东莞的气候深受季风影响，冬半年受极地冷高压脊控制，盛行东北风，天气较为干冷；夏半年则为副热带高压脊及季风低压、热带气旋所影响，盛行西南风和东南风，天气高温多雨。南亚热带季风气候显著，具有长夏无冬，光照充足，热量丰富，气候温暖，温度变幅小，雨量充沛，干湿季明显的特点。常受热带气旋、暴雨、洪涝、干旱、寒潮、低温阴雨、强对流等气象灾害的侵袭。

2.1　气候特点

2.1.1　光、热充足

东莞地处北纬22° 39'～23° 09'，东经113° 31'～114° 15'，太阳高度角较大，太阳总辐射量与日照时数充足，累年平均太阳总辐射量为109158.19卡／平方厘米，累年平均日照总时数为1959.5小时。

东莞具有丰富的热量资源，终年气温较高，累年年平均气温为22.2℃，具有长夏无冬，冬冷夏热的特点。另外，由于与南海相邻，海洋对温度起着调节作用，致使全年气候温和，温度变幅小，年较差为14.4℃。

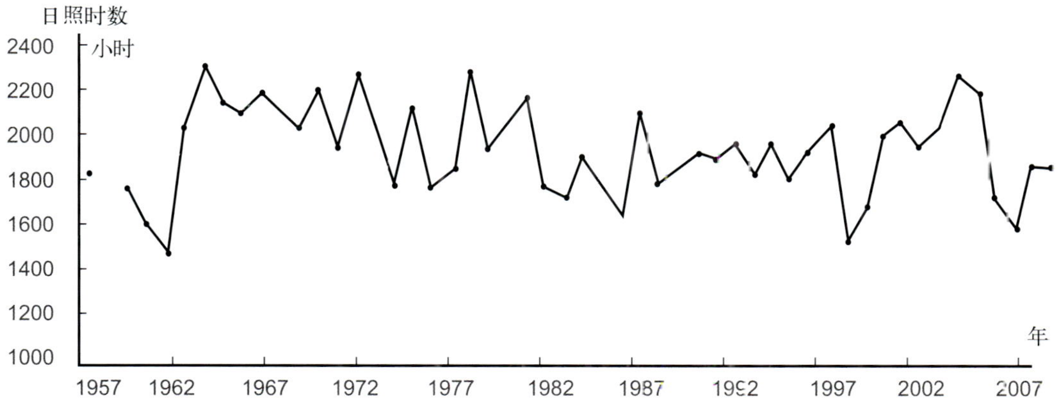

图5.1　东莞市历年年日照时数曲线图

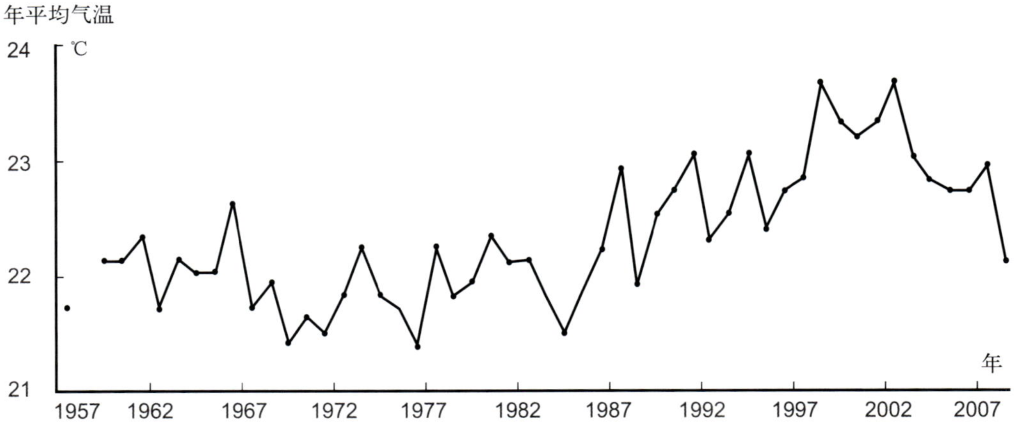

图5.2　东莞市历年年平均气温曲线图

2.1.2　雨量充沛

除冬季受干冷的大陆气团控制降水稀少外，其余时间受海洋暖湿气流的影响，大部分时间雨量充沛，累年年平均降水量为1802.5毫米。年内降水量多集中在4～9月，其中4～6月为前汛期，这一时期暖湿的偏南气流相当旺盛，当北方冷空气侵入时，高空常配合低压槽、切变线，使空气对流激烈，频频产生暴雨或大暴雨，降水量急剧增多；7～9月为后汛期，主要受西太平洋和南海的热带气旋为主的热带天气系统影响而降暴雨或大暴雨。

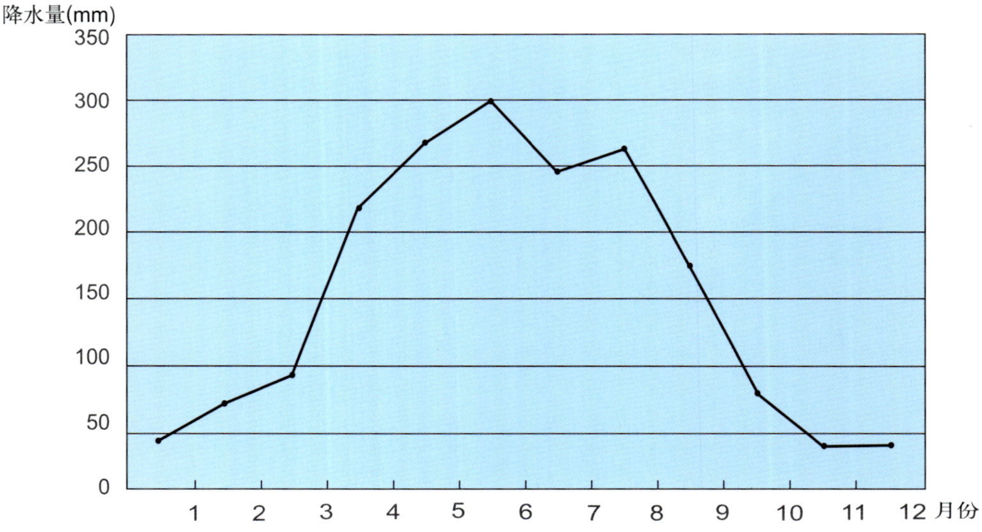

图5.3　东莞市历年月平均降雨量图

2.1.3　长夏无冬

平均气温最小值是13.7℃，按应用气候学常用的划分四季标准，气候平均气温小于10℃为冬季，大于或等于22℃为夏季，则东莞没有气候意义上的冬季，而夏季却从4月16日开始到10月31日长达199天，具有长夏无冬的特点。

2.2　城市空气环境质量

2.2.1　空气质量现状

东莞的环境空气中污染物监测项目有二氧化硫、二氧化氮、可吸入颗粒物、降尘等。2005－2008年全市可吸入颗粒物年均值为0.081毫克／立方米，符合国家大气环境质量二级标准（0.10毫克／立方米）；二氧化硫年均值为0.044毫克／立方米，符合国家大气环境质量二级标准（0.060毫克／立方米）；二氧化氮年均值为0.049毫克／立方米，符合国家大气环境质量二级标准（0.080毫克／立方米）；灰尘自然沉降量的年均浓度值为6.73吨／平方公里·月，符合广东省标准（8吨／平方公里·月）。从近年的检测结果来看，2003年东莞平均污染指数为70，2004年年平均污染指数为66，到2008年，年平均污染指数为60，空气质量为良，全年优良天数345天。空气环境质量达到国家二级标准。

2.2.2　较重酸雨区

东莞降水pH呈酸性。2005年东莞降水pH年均值为4.07，出现频率为65.7%；2006年东莞降水pH年均值为4.7，出现频率为50.0%；2007年东莞降水pH年均值为5.21，出现频率为54.2%。东莞1998年至2008年降水的平均pH为4.82，虽然各年均值波动较大，但整体pH值未低于4.82，出现频率未低于50%。虽然目前我国定义酸雨区的科学标准尚在讨论之中，但一般认为：pH在4.70～5.00之间，酸雨率是50%～80%，为较重酸雨区，在酸雨区分级五级标准中酸雨率仅次于重酸雨区，严重程度位居第二。可见东莞属于较重酸雨区。

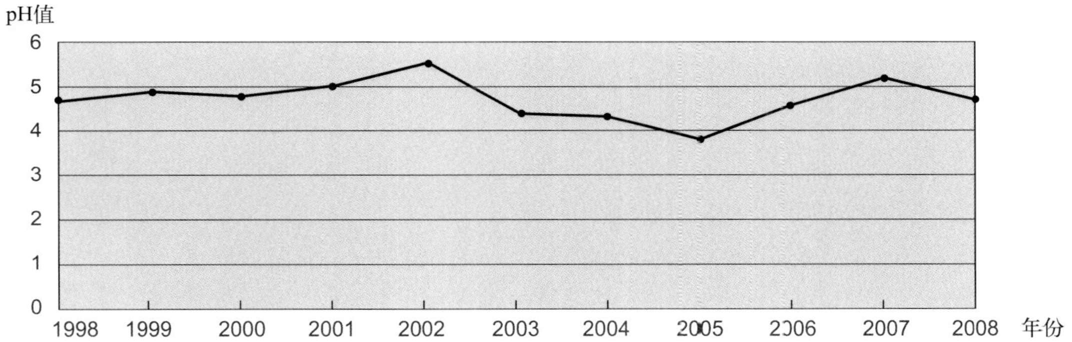

图5.4　东莞市1998～2008年降水pH均值

2.2.3　气象灾害频繁

东莞的气象灾害频繁。冬夏季风交替的不稳定性，给东莞带来了频繁的气象灾害，如年、月降水量的年际变化大，造成了有的年份久旱不雨,有的年份又暴雨成灾。就季节来说，冬季强冷空气入侵带来了急剧降温，造成连续低温现象的出现。春季的低温阴雨、倒春寒，秋季的寒露风、霜降风，春、夏之交的强对流天气，雷雨大风、强降水等常造成灾患。夏季常受副热带高压脊的控制，出现高温、炎热天气；也常受到热带气旋、暴雨、大风、海潮、洪涝的影响。

综上所述，东莞南亚热带季风气候显著，具有长夏无冬，光照充足，热量丰富，气候温暖，雨量充沛，干湿季明显的特点。常受热带气旋、暴雨、洪涝、干旱、寒潮、低温阴雨、强对流等气象灾害的侵袭，同时，本地区为较重酸雨区。从红砂岩文化遗存的保存环境来看，过多的强降雨，平均pH为4.82的酸雨，较为频繁的地下水活动，以及气象灾害的侵袭，均对红砂岩文化遗存的露天保存有着严重危害。

三 东莞红砂岩文化遗存表面风化产物分析

对红砂岩风化产物进行可溶盐离子分析检测，可得到其可溶盐的种类及含量。通过对苏氏宗祠部分红砂岩文化遗存表面含盐风化物烘干溶解后进行表层及表面风化物含盐量检测，以考察东莞红砂岩文化遗存表面风化层中的可溶盐含量及种类。具体结果见下表：

表5.4　红砂岩表面风化物可溶盐含量及种类

采样地点：苏氏宗祠二进间墙基		
项目		百分含量 / %
阳离子	Ca^{2+}	20.85
	Na^{+}	6.29
	Mg^{2+}	0.76
	K^{+}	3.09
	Si^{4+}	1.19
阴离子	NO_3^{-}	4.91
	SO_4^{2-}	50.03
	Cl^{-}	9.71
	OH^{-}	0.36
总含盐量		77.74

红砂岩文化遗存表面可溶盐500倍显微照片

从上表可以看出，红砂岩文化遗存表面风化层中含有极高的可溶盐，达到了77.74%，且主要可溶盐种类为硫酸盐、硝酸盐和氯盐。这说明东莞潮湿，多强降雨，地下水活动频繁的环境使可溶盐极易进入红砂岩文化遗存表面造成破坏，同时由于处于较重度酸雨区，且工业污染较为严重，使可溶盐中含有大量硫酸盐和硝酸盐。这些可溶盐发育良好，通过循环结晶作用会不断侵蚀红砂岩文化遗存，导致红砂岩酥粉或片层状脱落。

四　东莞红砂岩文化遗存风化机理初步分析

为了确定引起东莞红砂岩文化遗存腐蚀病变的主要因素，我们首先通过对红砂岩石材物理学、水理学等参数的测定，分析出了红砂岩文化遗存风化的内部原因；继而对红砂岩文化遗存所处外部环境进行调查总结，最后分析了红砂岩风化样品的可溶盐种类及含量，从而可以综合而深入地了解东莞红砂岩文化遗存的主要风化机理。

4.1　红砂岩文化遗存风化的主要影响因素

通过以上各类分析检测、现场调研及气候环境调查，我们认为引起东莞红砂岩文化遗存风化的主要因素集中在以下几个方面：

4.1.1　红砂岩石材自身因素的影响

由红砂岩石材物理学、水理学等参数的测定可以知道，东莞的红砂岩呈片层状，夹杂较多，且具有较高的吸水率和孔隙率。其矿物成分中含有一定量的不稳定长石类矿物（钾长石），胶结质主要成分为黏土类胶结质（伊利石、伊蒙混层、高岭石），易发生水解反应。另外，岩石各组成成份的热胀冷缩系数不一样，岩石的层理面本身是其软弱面，其中所含粘土矿物反复的胀缩作用会削弱层理两侧的联结，使表面岩层更容易发生顺层剥落。红砂岩石材自身的特性显示，一方面东莞的红砂岩本体石材质地相对较差，易受外界环境因素影响而风化；另一方面，红砂岩本身吸水率及孔隙率较大，这使得水分与可溶盐易在其中迁移，同时也为微生物的生长提供良好条件，易滋生微生物病害。

总之，红砂岩的风化作用是通过改变岩石微结构状态来影响其强度和变形特性的，岩石的密实程度、微孔洞等缺陷的分布情况及矿物颗粒之间的联结状态均会对红砂岩风化程度产生影响。对于不同风化程度的红砂岩随着含水率的逐渐加大、风化程度的逐渐加深，其自由膨胀率、有侧限自由膨胀率和膨胀力都逐渐增大，加速病害的发生。此外，红砂岩在水物理和水化学作用下均会产生次生孔隙，加速水及可溶盐对红砂岩文物的破坏。

4.1.2 水的影响作用

水，可以说是引起东莞红砂岩文化遗存一系列病变的罪魁祸首。东莞潮湿多雨，且降雨常为暴雨及特大暴雨，环境湿度大，地下水丰厚。红砂岩石材自身的特性又决定了其具有较大孔隙率，易吸收水分。而本地区的红砂岩文化遗存大多处于露天保存状态，并且建筑底部并没有阻水措施。这些客观因素造成水的长驱直入，为红砂岩病变提供了充足的条件。第一，红砂岩文化遗存常年受大气降雨、空气中的冷凝水和地表上升毛细水的作用，这些水份极易从石材毛细孔中进入岩石内部，造成红砂岩内部胶结质流失与风化水解，使石材表面强度降低，特别是在氧气和二氧化碳的促进影响下，逐步使石质中的胶结物（钙质、泥质等）溶蚀并使长石类矿物溶蚀变成松散的粘土矿物。第二，可溶盐会在水的带领下，进入岩体内部，又在温湿度，含水量的反复变化作用下，溶解-结晶-再溶解-再结晶，这种循环结晶侵蚀现象使红砂岩石材内部酥碱粉化，表面酥碱泛白，粉状、片状脱落，严重影响到红砂岩文化遗存的整体稳定性。第三，水的富集还为微生物的生长提供了极佳的潮湿环境，使红砂岩遗存表面产生大量生物霉变。总之，正是在水的作用下红砂岩文化遗存产生了酥碱、粉状及片状脱落、生物侵蚀等一系列严重的病害。

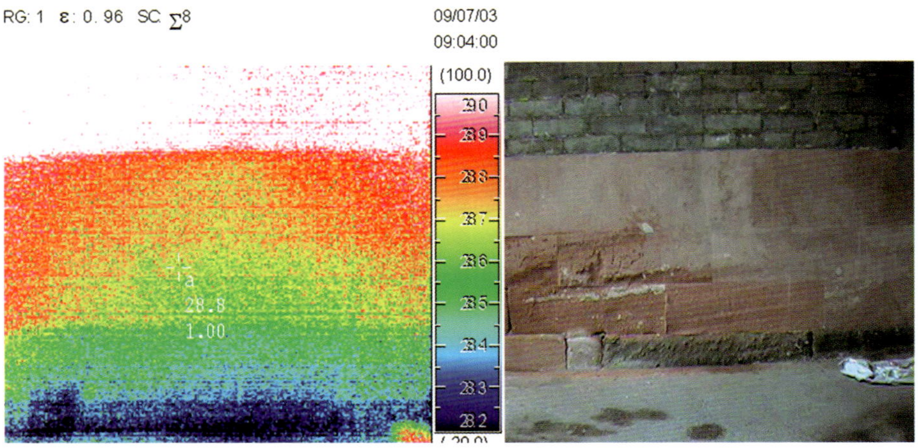

王氏大宗祠墙基红外成像照片

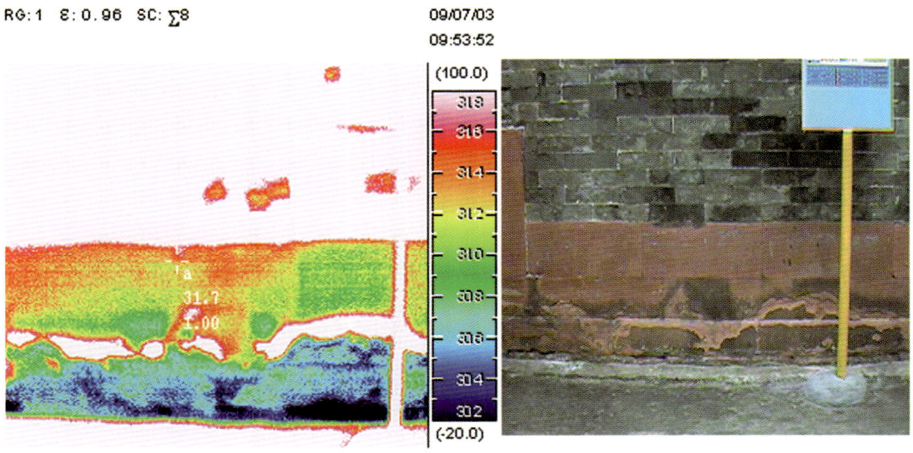

苏氏宗祠墙基红外成像照片

为了进一步证明，水是东莞红砂岩文化遗存产生病变的罪魁祸首，我们采用日本NEC TH7700SP红外成像仪对红砂岩文化遗存进行了全面热成像检测，从而可以直观的看出水与病害的关系。

检测时间均为早晨，气候条件为晴，此时是一个升温的过程。由于水的比热容远远大于红砂岩的比热容，这就意味着在同样的受热条件下水的温度变化会小于红砂岩的温度变化。也就是说此时有水富集的红砂岩温度会远远小于干燥的红砂岩。图像中温度越高表明含水量越小。

从王氏大宗祠墙基的红外光图像可以看出，蓝色区域的温度最低，该区域含水量较其他区域为最高；而红色区域的温度最高，该区域含水量较其他区域为最低。对比该图像与可见光照片可以看出，总体而言，含水率与红砂岩文物的病害程度呈明显的对应关系。在含水率较高的区域，病害明显，主要表现为粉状脱落、片状脱落和酥碱。这就充分证明了水是产生此类病害的主要因素。从苏氏宗祠的照片同样可以看出，含水率较高的区域有明显病害，主要为微生物病害和片状脱落。

4.1.3　酸雨的影响

东莞是著名的工业城市，工业生产所排放到空气中的大量的二氧化硫、二氧化碳、氮氧化合物在太阳紫外线及粉尘颗粒的催化作用下变成三氧化硫和二氧化氮，三氧化硫和二氧化氮与空气中的水相遇又变成酸，根据东莞1998年至2008年降水pH均值的监测数据可知东莞降水pH呈酸性，这十余年降水的平均pH值为4.82，属于较重酸雨区。由红砂岩表面风化层的XRD分析中可得知其中含有大量的硫酸盐、硝酸盐和氯盐。

酸雨会对露天红砂岩文化遗存造成严重的破坏。一方面，在酸雨淋蚀岩石过程中，带入侵蚀性CO_2和H_2SO_4等氧化剂，会溶蚀露天保存的红砂岩文化遗存，使红砂岩中易风化矿物分解流失，直接导致孔洞状病害的产生；另一方面，酸雨给红砂岩带来了更多的可溶盐，加剧了可溶盐在红砂岩遗存中的溶解—重结晶现象，不断侵蚀破坏红砂岩文化遗存。

4.1.4　可溶盐的破坏

东莞红砂岩文化遗存风化产物中含有大量可溶盐，主要为硫酸盐、硝酸盐、氯盐。可溶盐的主要来源有：红砂岩石材本身所含有、酸雨和地下水以及早年水泥修补带入的可溶盐。这些可溶盐在雨水侵蚀、环境湿度变化时便出现溶解-结晶-重溶解-重结晶循环侵蚀现象，在此过程中，可溶盐反复结晶析出时会产生应力，压迫岩石孔隙壁，使其碎裂酥粉化，最终导致红砂岩文化遗存产生酥碱、粉状及片状脱落等一系列病害。

4.1.5　由管理不当引起的人为破坏

主要的人为破坏分为以下几类：1、水泥修补，这是最主要且危害性最大的人为破坏。在早先修复过程中，由于材料有限及认识不足，在红砂岩文化遗存的修复过程中曾采用大量水泥作为修补材料，目前这些修补部分许多已经脱落，酥碱现象严重，不仅丧失了原有保护作用，还改变了文化遗存的原貌，加速了红砂岩的破坏。2、某些祠堂的台基处曾用水泥搭建案台，案台拆后在红砂岩台基处遗留有大面积的薄水泥层类白色覆盖物，严重影响外观。3、张贴海报、人为涂画等行为降低了红砂岩文化遗存的审美价值。4、康王庙、文光庙等庙宇由于至今仍在殿内举行法事活动，燃烧香烛，因而大殿内红砂岩柱等出现黑色烟熏病害。

4.2 红砂岩文化遗存主要病害的形成机理分析

4.2.1 酥碱

东莞当地降雨量大、酸雨程度较高、环境湿度大，加之地下水气影响，红砂岩内部毛细水活动频繁。雨水和地下毛细水会将大量可溶盐带入红砂岩内部，早年水泥修补亦带入了许多有害盐类，这些可溶盐在雨水侵蚀、环境湿度变化时便反复出现可溶盐溶解-结晶-重溶解-重结晶循环结晶侵蚀现象，在此过程中，可溶盐逐渐向岩石表面移动，在表面结晶析出时产生应力，压迫岩石孔隙壁，使其碎裂酥粉化，最终导致红砂岩遗存表面形成酥碱，粉化泛白。对于水泥修补过的地方，不但有害可溶盐增多，水泥修补处还会形成不透气的涂覆层，阻碍水分盐分的自由排除，使可溶盐大量积累至水泥与红砂岩的接触面，导致酥碱病害大面积爆发。

4.2.2 粉状脱落及片状脱落

红砂岩岩质疏松不均一，孔隙率大，雨水及地下毛细水极易从岩石毛细孔中进入石材内部；而东莞当地气候湿润，雨量充沛，对于红砂岩文化遗存这样无阻水措施的室外文物，大量雨水及地下水会带着可溶盐从石材孔隙中渗入石材内部，可溶盐的循环结晶侵蚀作用于岩石表面孔隙壁，致使红砂岩表面逐渐粉化脱落。同时岩石胶结材料在水的作用下逐渐流失，强度下降，情况严重的会导致片状剥落。红砂岩柱柱础及建筑台基、墙基等部位，由于蓄水能力强，在较大的温湿度变化作用下，导致可溶盐循环结晶较为严重，极易出现粉状及片状脱落。

4.2.3 孔洞状侵蚀

红砂岩的岩石内部成分、密度分布不均匀，岩石强度差异性大，故抗风化能力也有差异性，长期遭受雨水冲刷时，风化过程中就会出现区域性孔洞状侵蚀的现象。东莞属于较重酸雨区，而酸性降雨会导致这一现象的加剧。所以露天红砂岩文化遗存不可避免地，形成孔洞状风化病害。

4.2.4 生物病害（微生物和植物侵害）

东莞气候潮湿，降雨量大，地下水丰厚，加之红砂岩本身孔隙率较大，易吸收水分。

露天建筑物没有任何阻水措施。在这种情况下，建筑物根基部位，角落、接缝裂缝等易蓄水处的红砂岩极其容易滋长微生物，尤其是建筑物内设的排水沟、水龙头等水分聚积处植物侵害严重。这些微生物不但蓄水力强，为其他病害的爆发提供条件，而且在生长过程中会通过新陈代谢产生大量有机酸碱，造成腐蚀破坏作用。这些因素都不利于红砂岩文化遗存的保存。

4.2.5 水泥修补

在早先修复过程中，由于材料有限及认识不足，红砂岩文化遗存的修复过程中曾采用大量水泥砂浆作为修补材料，目前这些修补部分大多已经脱落，酥碱现象严重，基本丧失了原有保护作用。这些水泥修补不仅改变了文物的原貌，破坏了其审美价值，而且加速了对红砂岩文化遗存的破坏。

综合以上检测及分析，我们认为除去红砂岩本身质地与基础方面的内因外，目前对东莞红砂岩文化遗存构成破坏的外因主要有两种：水和可溶盐，其中水又包括地下水和雨水（特别是酸雨）。它们是东莞红砂岩文化遗存产生酥碱、粉状脱落、片状脱落、生物病害和孔洞状风化等主要病害的罪魁祸首。所以在制定保护方案时必须着重考虑这两大问题，而最为紧要的是解决阻水问题，只要解决了水的问题，可溶盐的破坏作用也就得到了有效的抑制。

第六章
东莞红砂岩文化遗存保护方法研究

通过对东莞红砂岩文化遗存的病害调查和风化机理研究，我们得知：一方面，由于遭受多重病害侵蚀，目前东莞红砂岩文化遗存的强度及整体稳定性已大大下降；另一方面，水和可溶性盐是造成红砂岩文化遗存多重病害的罪魁祸首，因此，在红砂岩文化遗存的保护工作中，整体补强和阻水是要解决的两大重要问题。在这里我们对以后红砂岩文化遗存保护过程中应用到的关键材料进行了前期试验研究，主要包括：整体补强材料（加固剂）的筛选和红砂岩表面憎水材料的筛选。

将东莞红砂岩文化遗存样品切成3cm × 3cm × 3cm的样块，分为7组，并分别编号，在干燥器内105℃烘干24小时，冷却到室温制成标准样块。

表6.1　红砂岩样块分组编号

组别	样块编号
1	1、2、3、4、5、6
2	7～18
3	19～30
4	31～43
5	44、45、46、47
6	48、49、50、51
7	52、53、54、55

一　整体补强材料（加固剂）的选择

根据红砂岩的岩性特征及东莞的气候和环境状况，我们筛选出WACKER BS OH100和WD-082这两种加固剂在红砂岩样块上进行整体补强试验。

1.1　整体补强材料（加固剂）介绍

1.1.1　WACKER BS OH100

WACKER BS OH100是无溶剂、即用型的有机硅石材增强剂，呈无色至淡黄色，可用于任何吸附性的无机建筑材料。实验中使用原液。其特点是：为单组分体系，易于涂敷；低分子量确保了最佳的渗透效果；干燥后形成不黏的膜，不吸附灰尘；没有损害建筑材料的副产品；该基料耐酸，因而也耐雨水；可形成与建筑材料相匹配的矿物基料；不堵塞毛孔，因而水汽仍可透过建筑材料。

1.1.2　WD-082

WD-082为硅烷偶联剂，实验中分别采用80%的乙醇溶液及原液。

1.2　整体补强材料保护效果的实验对比

1.2.1　加固处理

分别采用BS OH100原液对第2组样块，80%的WD-082乙醇溶液对第3组样块，WD-082原液对第4组样块进行浸泡涂刷处理，用毛笔蘸加固剂在指定石面均匀涂覆渗透使之吸收达到饱和，半小时重复操作一次，连续处理四次。待加固剂与样块反应完全后，进行各项保护效果测定试验。

1.2.2　加固强度测定（抗压实验）

用WDW3030微控电子万能试验机（长春科新试验仪器有限公司）对实施加固前后的红砂岩样块进行抗压强度测试，以判定整体补强材料的加固效果。

浸泡涂刷加固处理

表6.2　加固前后红砂岩样块抗压强度对比

加固剂	样块编号	抗压强度（破坏载荷/ kN）		
			平均值	加强强度（处理样/空白样）
空白样品	1#	15.26	13.12	/
	2#	12.12		
	3#	14.31		
	4#	13.18		
	5#	11.50		
	6#	12.37		
BS OH100　（原液）	7#	19.65	19.40	1.48
	8#	20.07		
	9#	19.74		
	10#	19.32		
	11#	18.71		
	12#	18.93		

续表

加固剂	样块编号	抗压强度（破坏载荷/kN）		
			平均值	加强强度（处理样/空白样）
WD-082 （80%乙醇）	19#	20.00	20.08	1.53
	20#	20.00		
	21#	19.99		
	22#	20.21		
	23#	20.43		
	24#	19.86		
WD-082 （原液）	31#	19.92	20.00	1.52
	32#	20.12		
	33#	20.08		
	34#	19.83		
	35#	20.31		
	36#	19.76		

由表6.2可以看出，采用不同整体补强材料进行加固保护后样块的抗压强度均比加固前有了明显增加，其破坏荷载增加幅度在1.48－1.53倍之间，且与新鲜红砂岩的抗压强度（20.10KN）相接近，加固效果均令人满意。其中，采用WD-082原液及80%WD-082乙醇溶液进行浸涂加固的两组样块抗压强度更高，且两组间相差不大。

1.2.3 处理前后色度变化测定（色差实验）

用SP65型便携式色差仪对实施加固前后样块进行色度测量，测量时采用ΔE同点测试，即在涂刷试剂前后对同一样块的同一点进行测量，以判定整体补强材料对红砂岩外观的影响程度。结果见表6.3。

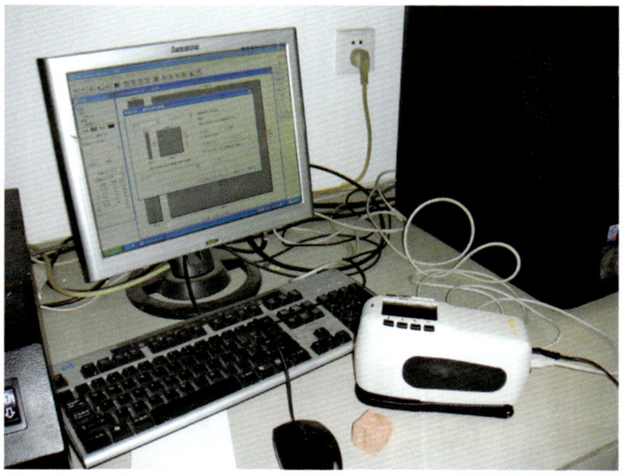

SP65型便携式色差仪

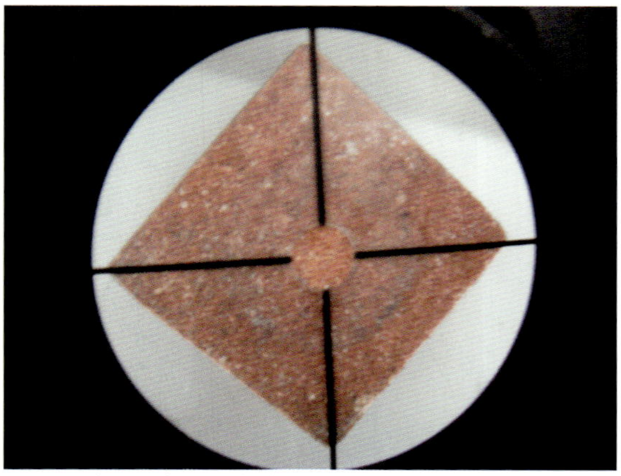

红砂岩样块色度测试点（标号对立面的中心）

表6.3　加固前后红砂岩样块色度变化

加固剂	样块编号	ΔE
BS OH100　（原液）	7#	1.32
	8#	1.69
	9#	1.42
	10#	2.91
	11#	3.87
	12#	1.43
	平均值	2.11
WD-082　（80%乙醇）	19#	2.34
	20#	2.25
	21#	3.03
	22#	1.32
	23#	1.23
	24#	2.14
	平均值	2.05
WD-082　（原液）	31#	1.95
	32#	3.79
	33#	2.42
	34#	1.43
	35#	1.62
	36#	2.34
	平均值	2.26

由色差数据可以看出，使用两种加固剂进行浸泡涂刷后，石样表面颜色均有一定变化，且变化幅度相似，均在2.10左右。

1.2.4　整体补强材料渗透深度的测定（渗透性能实验）

取8块3厘米×3厘米×3厘米红砂岩样块，分为4组，编号、烘干、称重。在培养皿中放置厚度约为0.5cm的铁丝网层，将样块风化面向下放置于铁丝网上，向培养皿中添加加固剂溶液，持续渗透5分钟后取出，用湿布擦干样块表面多余溶液，并即刻用铅笔标出样块四侧面渗透深度，然后进行称重和渗透深

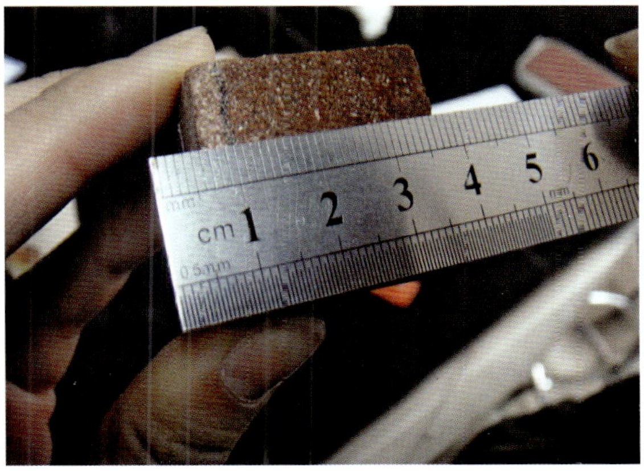

按照铅笔标记测量渗透深度

表6.4　三种加固剂及水的渗透深度对比

样块编号	渗透试剂	平均渗透深度/cm	吸收溶液的质量/g		
			处理前质量/g	处理后质量/g	质量差/g
0-1	蒸馏水	3.0	70.1689	70.8572	0.6883
0-2		3.0	67.4324	68.0279	0.5955
1-1	BS OH100原液	2.5	68.6210	69.0522	0.4312
1-2		2.3	69.7154	70.0397	0.3243
2-1	80%WD-082乙醇溶液	2.9	69.6230	70.2170	0.5940
2-2		3.0	67.4697	68.0957	0.6260
3-1	WD-082原液	2.4	70.0256	70.3909	0.3653
3-2		2.7	68.3363	68.9103	0.5740

度测量。实验结果见表6.4。

由表6.4可以看出，两种加固剂的渗透性能都比较令人满意，而相比之下，WD-082的渗透性能更优。其中，80%的WD-082乙醇溶液由于溶剂乙醇的存在，较WD-082原液更接近水的渗透性能。

1.2.5　人工老化试验

将分别用上述加固剂处理过的石样进行冻融老化试验、盐雾老化试验及光老化试验，

表6.5　老化后样块的抗压强度

加固剂	样块编号	老化后抗压强度（破坏载荷/kN）		
			平均值	加强强度（处理样/空白样）
BS OH100　（原液）	13#	18.61	19.28	1.47
	14#	19.58		
	15#	19.53		
	16#	19.32		
	17#	18.72		
	18#	18.93		
WD-082　（80%乙醇）	25#	19.84	19.86	1.51
	26#	19.78		
	27#	19.99		
	28#	19.81		
	29#	19.87		
	30#	19.86		
WD-082　（原液）	37#	19.92	19.81	1.51
	38#	20.00		
	39#	19.71		
	40#	19.83		
	41#	19.61		
	42#	19.76		

表6.6　老化前后样块抗压强度对比

加固剂	抗压强度（破坏载荷/kN）		加强强度（处理样/空白样）	
	老化前	老化后	老化前	老化后
BS OH100　（原液）	19.40	19.28	1.48	1.41
WD-082　（80%乙醇）	20.08	19.86	1.53	1.51
WD-082　（原液）	20.00	19.81	1.52	1.51

各10天，共30天。对老化后的石样再次进行抗压能力测试，以判定这三种整体补强材料的抗老化性。

经过人工老化试验后的样品，样块加固层均未出现粉化、开裂起甲及变色现象，说明几种加固剂均有一定的抗老化性能。

通过抗压强度测定可以看出，老化后三种加固剂的加固效果均略微下降，但仍都具备有较强的加固能力，其中，WD-082的加固效果依然较好。

综合以上分析，WD-082（80%乙醇溶液）在提高红砂岩的整体强度、尽可能减少对外观的影响、自身的渗透性能以及抗老化性方面均有一定的优势。因此在以后的保护工作中，可以选取WD-082（80%乙醇溶液）作为加固剂，来提高红砂岩文化遗存的整体强度。

二　表面憎水封护材料选择

通过大量筛选试验，长链有机硅类材料在东莞的红砂岩上可以取得良好的憎水封护效果。我们采用WACKER BS 290、WACKER BS 1001及WD-10这三种硅烷/硅氧烷基有机硅憎水剂。

2.1　表面憎水封护材料介绍

2.1.1　WACKER BS 290

WACKER BS 290是硅烷/硅氧烷基，并可用有机溶剂稀释的无溶剂有机硅浓缩液，实验中使用8%的丙酮溶液。其特点主要是：具有高耐碱性和良好的渗透深度，即使在湿润的基材上也有效。涂敷后，与大气中的水汽或基材中孔隙的水分反应，从而生成活性成分并释放出乙醇，孔隙和毛细孔都不会被堵塞。因此基材保持较高的水蒸气渗透性，适合为吸附性的、多孔的无机建筑材料提供拔水性。

2.1.2 WACKER BS 1001

WACKER BS 1001是一种水性、无溶剂的硅烷/硅氧烷白色乳液，实验中使用8%的水溶液。其特点是：具有良好的渗透深度、优秀的抗碱性、快速的抗水性，即使施工后不久遇到下雨，其效果也不会受到大的影响；提供更佳的附着力；不封闭毛细孔，不会影响基材的呼吸性；水性，更环保；具有良好的储存稳定性，稀释后也如此。它是众多吸收性矿物底材甚至高碱性建筑材料的优秀憎水剂，不适合低吸收性的致密的大理石、石灰石等。

2.1.3 WD-10

WD-10为武汉大学有机硅新材料股份有限公司生产的长链烷基三甲氧基硅烷，主体化学名称为十二烷基三甲氧基硅烷，其分子式为$C_{12}H_{25}Si(OCH_3)_3$。是无色至浅黄色透明液体，易溶于烃、醚、酮等一般有机剂中，实验中采用10%的乙醇溶液。其膜层具有良好的憎水性，能抵抗多种腐蚀介质（稀酸、碱、盐、潮热空气和有机溶剂）的作用，能阻止霉菌的侵蚀，无毒，涂施工艺简便易行。

2.2 憎水封护材料保护效果的实验对比

2.2.1 封护处理

分别使用8%的BS 290丙酮溶液、8%的BS 1001水溶液及10%的WD-10乙醇溶液对第5组、第6组、第7组样块进行单面刷涂，用毛笔蘸憎水剂在指定石面均匀涂覆渗透使之吸收达到饱和，半小时重复操作一次，连续处理四次。

单面涂刷后待反应完全

2.2.2　憎水效果测定（防水实验）

涂刷憎水剂之前所有样块的表面润湿角均为0，即水滴滴在石样表面后马上扩散被吸收。涂刷憎水剂后红砂岩表面的润湿角见表6.7。

表6.7　憎水剂处理后样块表面润湿角测定结果

憎水剂	样块编号	憎水剂处理后润湿角
BS290　（8%丙酮）	44#	130°
	45#	125°
	46#	130°
	47#	112°
	平均值	124°
BS1001　（8%水）	48#	126°
	49#	110°
	50#	108°
	51#	115°
	平均值	115°
WD-10　（10%乙醇）	52#	137°
	53#	134°
	54#	129°
	55#	132°
	平均值	133°

通过润湿角测试可以看出，BS290、BS1001和WD-10这三种憎水封护剂处理后样块的平均表面润湿角分别为124°、115°、133°，均远远大于90°，有效阻隔了外界水的渗入，从而大大提高了红砂岩的防水能力。而三种憎水封护剂对比来看，用于红砂岩憎水效果最好的为WD-10。

2.2.3　处理前后色度变化测定（色差实验）

使用SP65型便携式色差仪对实施憎水封护前后的样块进行色度测量，以判定憎水封护剂对红砂岩外观的影响程度。

由表6.8可以看出，BS290、BS1001和WD-10这三种憎水封护剂用于红砂岩后均在一定程度上改变了样块表面颜色。但WD-10对样块表面颜色的改变程度明显小于BS290和BS1001。

表6.8　憎水剂封护前后样块色差表

憎水剂	样块编号	ΔE
BS290（8%丙酮）	44#	6.37
	45#	6.56
	46#	6.33
	47#	6.72
	平均值	6.50
BS1001（8%水）	48#	7.04
	49#	6.46
	50#	9.83
	51#	8.92
	平均值	8.06
WD-10（10%乙醇）	52#	2.41
	53#	2.59
	54#	2.39
	55#	2.57
	平均值	2.52

2.2.4　人工老化试验

将分别用三种憎水封护剂处理过的样块进行冻融老化试验、盐雾老化试验及光老化试验，各10天，共30天。对老化后的石样再次进行表面润湿角测定，以判定三种憎水封护剂的抗老化性。

通过对老化后样块润湿角测定可以看出，老化后三种憎水封护剂的憎水效果均下降。其中，BS290和BS1001封护样块在老化前后润湿角分别降低了54°和44°，且老化后表面润湿角远低于90°，对水的阻隔能力严重下降；而WD-10封护样块老化后的润湿角为113°，虽低于老化前润湿角120°，但仍大于90°，对水的阻挡能力仍在安全范围内。由此，在三种憎水封护材料中，WD-10的抗老化性能显著优于另外两种，且老化后其憎水性能仍可得到有效发挥。

从以上分析看，WD-10在提高红砂岩的憎水性能，尽可能减少对外观的影响以及抗老化性方面均有较为明显的优势。因此在以后的保护工作中，可以选取WD-10（10%乙醇）作为憎水封护剂，来提高红砂岩文化遗存的防水性能，从而有效阻止一切由水带来的病害问题。

表6.9　封护样块老化前后润湿角对比

憎水剂	样块编号	老化前润湿角	老化后润湿角
BS290　（8%丙酮）	44#	130°	67°
	45#	125°	64°
	47#	112°	74°
	平均值	122°	68°
BS1001　（8%水）	48#	126°	78°
	49#	110°	69°
	51#	115°	72°
	平均值	117°	73°
WD-10　（10%乙醇）	53#	134°	118°
	54#	129°	108°
	55#	132°	113°
	平均值	132°	113°

综合所述，整体补强和憎水封护试验结果显示，WD-082及WD-10用于红砂岩的加固和憎水封护效果较为突出，在以后对东莞的红砂岩文化遗存进行保护时，可以选取这两种试剂，从而有效提高红砂岩文化遗存的整体强度和防水性能。

东莞红砂岩文化遗存保存状态评估与保护方法研究

Study on Status Evaluation and Preservation Methods of Red Sandstone Cu tural Heritage in Dongguan

东莞市博物馆丛书

后记

说起岭南特色的古建筑，就不能不提到红砂岩。这种让东莞人倍感亲切的红色石材，在民国以前，曾被广泛运用于房屋建筑材料，至今，在可园、南社古村、塘尾古村和众多祠堂内，都可以看到它们的身影。东莞境内的红砂岩文化遗存，不仅在古建筑中广泛存在，在遗址、墓葬、石刻等文物中都能见到，尤以古建筑构件和承重材料最为普遍，包括门楣、门框、墙基、地基、台阶、塾台、柱、柱础、梁架、雀替、地面、围栏等。这种深入莞人乡土记忆中的红色石材，作为东莞古建筑特有的文化元素，成为东莞地域文化符号的一种象征，正因为有这些红色的石头，东莞古建筑才得以向世人展现独特的风采。

然而，这种在东莞古建筑中独具特色的红色石材，正遭到水、可溶性盐和微生物的破坏，在酸雨、酸雾等自然环境中饱受摧残，有的红砂岩建筑构件可能在几年内不复存在。保护红砂岩文化遗存，留住一份深入莞人血液的乡土记忆，“东莞红砂岩文化遗存保存状态评估与保护方法研究”课题便应运而生。

课题的顺利开展，得到有关方面的大力支持：东莞市文化广电新闻出版局文物科为我们提供了有关东莞文物的基础数据；东莞市博物馆工作人员和西北大学文化遗产学院师生为我们做红砂岩文化遗存的病害调查和保护方法研究提供了诸多帮助；东莞市财政、文化有关部门为课题的立项及纵深研究，给予了很大支持和鼓励，在此一并感谢。

本书能如期出版，我们要感谢东莞市博物馆的刘炼、麦淑娴、梁绮文，她们为资料的前期收集、整理尽心努力；感谢西北大学文化遗产学院的刘佳、申静怡、武岩、严妍等同学，他们在前期的病害调查中付出了辛勤劳动；尤其是申静怡同学在后期的实验中提供了大量基础数据。感谢一路走来鼎力无私帮助的李岩、卢本珊等，他们的热忱指教使我们受益匪浅；感谢广东省文物局副局长魏峻博士百忙之中欣然为本书作序。

最后，还要感谢所有关心和支持我们的各位领导、专家学者和社会各界朋友，正是你们的关注和鼓励，给了我们奋勇争先的力量。虽知前路漫漫，仍会前行不止。

谌小灵　刘成